知識ゼロからわかる
物流の基本

刈屋 大輔
物流ジャーナリスト

ソシム

1章 │ 「物流機能の基本」で知識ゼロからわかること

物流の機能は、実は「運ぶ」だけではない

ネットで注文されたアパレル製品が購入者の自宅に届くまでの例。
「輸配送」をはじめとする6つの機能が働いています。

詳しくは1章で

宅配便の配達、深夜の高速を走る長距離トラック、貨物船・貨物列車など、「モノを運ぶ」イメージの強い「物流」ですが、実はそれだけではありません。「モノが届くまでの活動（作業）」全体が「物流」です。1章ではその全体像がわかります。

自動車（トラック）、船舶、飛行機、鉄道でモノを運びます。長距離・大量の場合は「輸送」、短距離や複数地点に届けるときは「配送」といいますが、どちらもモノを運ぶことです。

詳しくは3章で

この4つをまとめて

倉庫業務

と呼ぶことも多い

ただ倉庫に入れておくだけではありません。モノの価値を損なわず、効率よく目的地に届けるための様々な業務があります。

詳しくは4章で

輸配送や倉庫業務をミスなく円滑に進めるための機能です。かつては紙の「伝票」が中心でしたが、近年はシステム化（コンピュータ化）が進んでいます。

詳しくは5章で

03

1章 | 「物流機能の基本」で知識ゼロからわかること

物流には様々な企業や業種が関わる

物流にかかわる主な業種は「製造業」と「流通業」、そしてこの2つから委託されて物流業務を専門に行う「物流業」です（上図）。しかし下図のように物流業務は幅広い産業に組み込まれています。

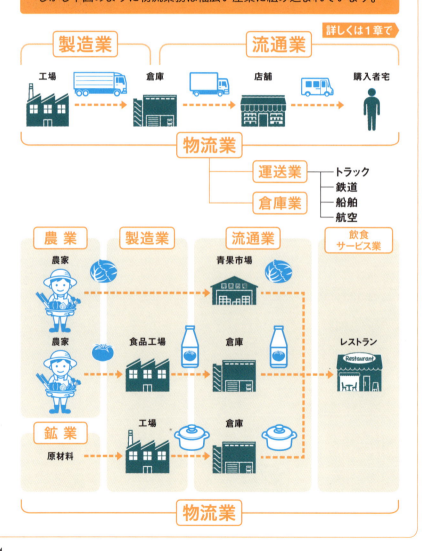

2章｜「調達・生産・販売物流の基本」で知識ゼロからわかること

製造業や流通業の内部にも物流機能は存在する

「工場から店舗へ」だけでなく、1つの工場の中でも物流が機能しています。2章では、製造業を3部門に、流通業を卸・小売に分けて、各部門（領域）で求められる物流機能を見ていきます。

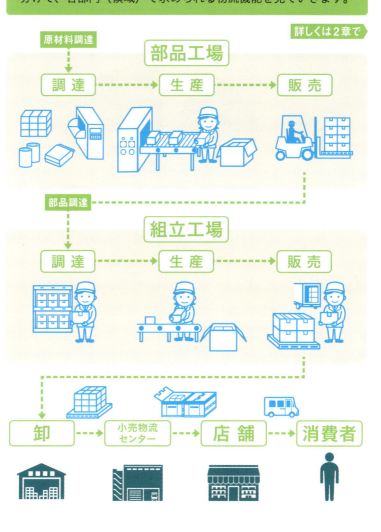

詳しくは2章で

05

3章 |「輸送業務の基本」で知識ゼロからわかること

輸送手段によって特徴や長所・短所は異なる

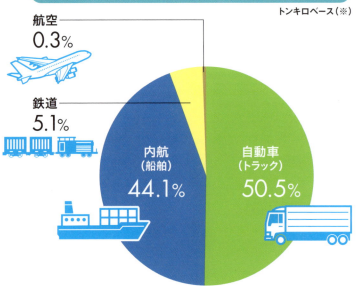

輸送機関別送活動量(2014年度)
トンキロベース(※)

- 航空 0.3%
- 鉄道 5.1%
- 内航(船舶) 44.1%
- 自動車(トラック) 50.5%

※トンキロとは:トン数に輸送距離を乗じてその仕事量を表す単位。1トンのものを10km輸送すると10トンキロとなる

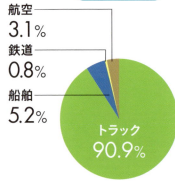

従業員数

- 航空 3.1%
- 鉄道 0.8%
- 船舶 5.2%
- トラック 90.9%

「運んだ重さ」「距離」の2つで測る"トンキロベース"ではトラックの占める割合は約5割ですが(上図)、荷物の量(重さ)だけで見る"トンベース"や、従事している人の数(左図)では、9割以上となっています。

06

輸送（輸配送）機能を担うのは、自動車（トラック）、船舶、鉄道、航空（飛行機）の4つのモード（手段）です。3章ではそれぞれの特性と、手段を変更する「モーダルシフト」のことがわかります。

詳しくは3章で

トラック

国内輸送の主役であるトラックは、荷物の積み込み地から届け先まで直接「ドア・ツー・ドア」で輸送できるのが最大の特徴です。一方でドライバー不足、環境負荷などの問題も深刻化しています。

船舶

島国である日本において、海運（船舶輸送）は大きな役割を担っています。港湾内の運送・荷役は、許可事業者のみが従事できる、専門性の高い業務です。

バンボディの大型トラック

原油や液化天然ガスを運ぶタンカー

鉄道

コンテナを牽引する鉄道機関車

全国に駅・線路網を持つJR貨物（および鉄道利用運送事業者）が携わっています。「大量一括輸送」「環境負荷が小さい」というメリットがあるため、トラック輸送からのモーダルシフトの受け皿として注目され、利便性を高める努力が続いています。

航空

他の輸送手段に比べて運賃が割高なため、納期が迫っているもの、生花や生鮮品など輸送に時間をかけたくないもの、精密機器・光学部品など小さい（軽い）が高価なものなどの輸送が主な用途です。コスト高の緩和のため、「混載」が多用されています。

大型のモノを運ぶ貨物専用機

4章 ｜ 「倉庫業務の基本」で知識ゼロからわかること

倉庫の基本は、荷役、保管、流通加工、梱包・包装の4つ

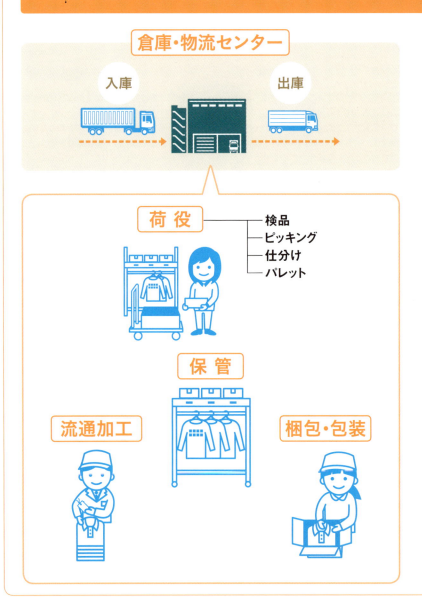

「荷役」「保管」「流通加工」「梱包・包装」は、モノに応じた幅広い業務です。例えば「保管」なら、冷凍食品は冷凍倉庫、土木材料は屋外（野積倉庫）などと使い分けます。4章ではこれらの倉庫業務の実際がわかります。

詳しくは4章で

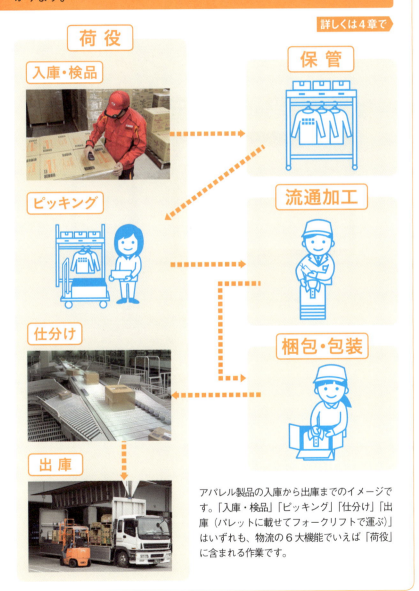

アパレル製品の入庫から出庫までのイメージです。「入庫・検品」「ピッキング」「仕分け」「出庫（パレットに載せてフォークリフトで運ぶ）」はいずれも、物流の6大機能でいえば「荷役」に含まれる作業です。

5章 | 「物流情報システムの基本」で知識ゼロからわかること

現代の物流は、様々な情報システムが支える

出発地から到着地にモノが届くまでには、在庫、受注、ロケーション管理、貨物追跡など、数多くのデータが扱われます。5章では、情報を管理して物流を円滑にするシステムの概要がわかります。

詳しくは5章で

輸配送管理システム

貨物追跡システムの仕組み：宅配便

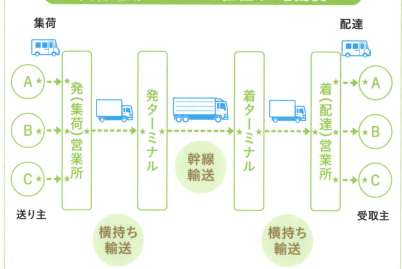

6章 | 「物流コストの基本」で知識ゼロからわかること

自家物流とアウトソーシングという2つの選択肢

6章でわかることの1つは、「誰が」物流コストを担うかです。例えばトラックのロゴが「○○食品」(製造業)、「△△運輸」(物流業)とあるように、コストの担い手は場合によって異なります。

詳しくは6章で

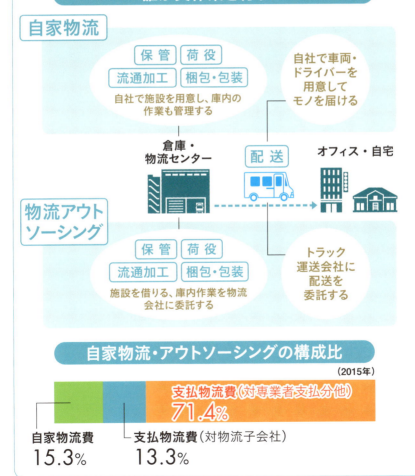

6章 | 「物流コストの基本」で知識ゼロからわかること

コストの構成と仕組みは物流機能ごとに変わる

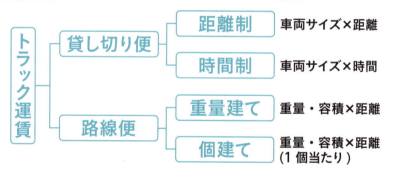

物流コストの構成比

（2015年度）

- 輸送費 56.6%
- 保管費 16.3%
- 荷役費 15.5%
- 物流管理費 6.0%
- 包装費 5.6%

輸送 — トラック運賃の体系

- トラック運賃
  - 貸し切り便
    - 距離制：車両サイズ×距離
    - 時間制：車両サイズ×時間
  - 路線便
    - 重量建て：重量・容積×距離
    - 個建て：重量・容積×距離（1個当たり）

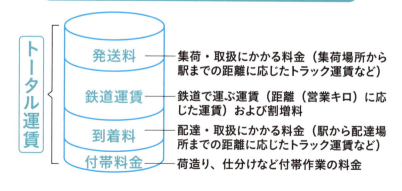

鉄道輸送の運賃の仕組み

トータル運賃
- 発送料 — 集荷・取扱にかかる料金（集荷場所から駅までの距離に応じたトラック運賃など）
- 鉄道運賃 — 鉄道で運ぶ運賃（距離（営業キロ）に応じた運賃）および割増料
- 到着料 — 配達・取扱にかかる料金（駅から配達場所までの距離に応じたトラック運賃など）
- 付帯料金 — 荷造り、仕分けなど付帯作業の料金

6章で「誰が」に続いてわかることは、「どんな」コストを担うかです。6大機能別に料金の仕組みがわかります。「輸送費」については、手段別の料金体系や輸送手段の選択基準がわかります。

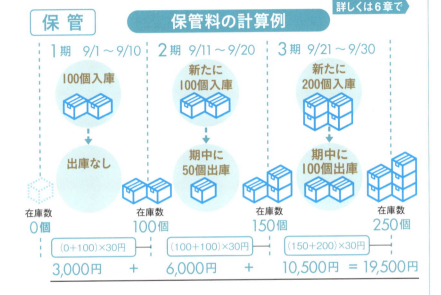

物流ABCの算出手順

投入要素別単位当たりコストの算出

1. 発生費用
人件費、スペース費、機械設備費、資材消耗品費など

÷

2. 使用数量
人件費、機械設備費→時間数
スペース費→使用坪数

＝

3. 単位当たりコスト
人件費、機械設備費：円/H
スペース費：円/坪

アクティビティ原価の算出

3. 単位当たりコスト
人件費、機械設備費：円/H
スペース費：円/坪

×

4. アクティビティ別使用数量
時間、坪数

＝

5. アクティビティ別原価
人件費、スペース費、機械設備費、資材消耗品費

アクティビティ単価の算出

5. アクティビティ別原価
人件費、スペース費、機械設備費、資材消耗品費

÷

6. アクティビティ別処理数量
ピース数量、ケース数量、移動回数

＝

7. アクティビティ別単価
ピース：円/個、ケース：円/個
移動回数：円/回

7章 │「ロジスティクス業務の基本」で知識ゼロからわかること

物流とロジスティクスでは情報の扱い方が異なる

ロジスティクス部門が情報を一元管理

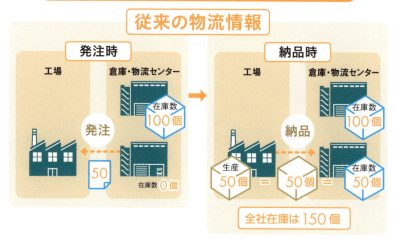

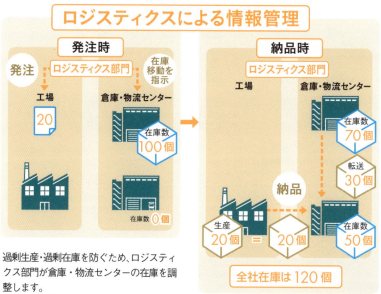

過剰生産・過剰在庫を防ぐため、ロジスティクス部門が倉庫・物流センターの在庫を調整します。

「物流」とほぼ同じ意味で使われることの多い「ロジスティクス」ですが、7章では2つがどう違うかを具体的に見ていきます。サプライチェーンマネジメントの概要もこの章でわかります。

詳しくは7章で

サプライチェーンマネジメント（SCM）の考え方

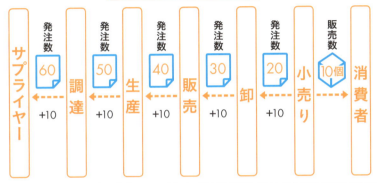

各部門が見込み（期待値）で発注していくため、販売数の読みが外れると無駄な在庫が生じる

市場での販売実績情報を基に各部門が動くため、無駄な在庫をうまない供給体制に

8章 |「次世代ソリューションの基本」で知識ゼロからわかること

新たな物流技術の登場と変わりつつある制度

詳しくは8章で

物流ドローン

米Amazonが実用化を目指している物流ドローン

物流ロボット

自走式物流ロボット。アマゾンジャパンの「Amazon 川崎FC（フルフィルメントセンター）」

AI（人工知能）

ヤマト運輸が荷物問い合わせなどの対応に導入した会話AI

宅配ボックス

福井県あわら市とパナソニック(株)による宅配ボックス設置の実証実験

CONTENTS

導入篇 この本でわかること 2

1章 物流機能の基本 25

1-1 「物流」という言葉を知ろう
さまざまな産業を支える「血液」の役割 26

1-2 物流を構成する6つの機能
「物流＝モノを運ぶ」だけではない 28

1-3 「輸配送」を知ろう
まとめて運ぶ「輸送」、小口で配る「配送」 30

1-4 「荷役」を知ろう
主に倉庫内でモノを動かす 32

1-5 「保管」を知ろう
輸配送のタイミングを待って、モノをためておく 34

1-6 「流通加工」を知ろう
「製品」を「商品」にする値札貼りなどの作業 36

1-7 「梱包・包装」を知ろう
破損や汚れからモノを守り、効率よく運ぶ 38

1-8 「情報管理」を知ろう
いつ、どこに、どれだけ動くのかを把握する 40

1-9 「物流会社」を知ろう
トラックなど「運送業」、輸配送以外の「倉庫業」 42

COLUMN 急拡大する宅配便市場の課題
ネット通販を支える運び手がいない 44

17

2章 調達・生産・販売物流の基本 ... 45

2-1 「調達」「生産」「販売」領域での物流機能を見てみよう
求められる機能は部門で異なる! ... 46

2-2 調達領域での物流業務を知ろう
原材料、部品などを仕入れ、管理する ... 48

2-3 生産領域での物流業務を知ろう
出荷まで保管する機能も担う ... 50

2-4 販売領域での物流業務を知ろう
作り手から買い手の店舗や企業に届ける ... 52

2-5 流通領域での物流業務を知ろう
多様化する卸・小売りなどの物流形態 ... 54

2-6 静脈物流の業務を知ろう
消費者から生産者へ、通常とは逆向きの流れ ... 56

2-7 サプライチェーーンマネジメント(SCM)とロジスティクス
物流を捉え直すキーワード ... 58

COLUMN 再び巻き起こった共同配送ブーム
「販売で競争、物流は協業で」を合言葉に ... 60

3章 輸送業務の基本 ... 61

3-1 トラック輸送を使う(1)国内最大の輸送手段
ドア・ツー・ドアの利便性で総輸送量の90%超 ... 62

3-2 トラック輸送を使う(2)多様な車両のタイプを知る
積載量と荷台形状・機能で使い分ける ... 64

3-3 鉄道輸送を使う(1)国内では「JR貨物」
500km以上の長距離大量輸送に有利 ……………… 66

3-4 鉄道輸送を使う(2)環境にやさしい輸送手段
鉄道モーダルシフトのメリット・デメリット ……………… 68

3-5 船舶輸送を使う(1)多様な船の種類
スピードは劣るが超大量輸送が可能 ……………… 70

3-6 船舶輸送を使う(2)内航海運と外航海運
島国・日本には欠かせない輸送手段 ……………… 72

3-7 港湾運送(荷役)を使う
専門性の高い、港での積み降ろし作業 ……………… 74

3-8 航空輸送を使う(1)旅客機の貨物スペースも使われる
他モードより割高だがスピードが強み ……………… 76

3-9 航空輸送を使う(2)国際航空貨物の9割が「混載」
フォワーダー＝混載業者の役割 ……………… 78

COLUMN 深刻化するドライバー人材不足
少子高齢化と労働環境悪化を背景に ……………… 80

4章 **倉庫業務の基本** ……………… 81

4-1 倉庫・物流センターを知ろう
「流通加工」「梱包」の場にもなる大型保管施設 ……………… 82

4-2 入庫・検品を知ろう:モノの数と状態をチェックする
「全数」「抜き取り」「ノー検品」を使い分ける ……………… 84

4-3 保管を知ろう
空間を有効活用して効率を上げるには ……………… 86

19

4-4 流通加工を知ろう:値札貼り、カット野菜づくりetc.
専用の機器や作業スペースも必要 88

4-5 ピッキングを知ろう:必要なモノを必要な数だけ取り出す
効率よく、かつ間違いなく取り出す方法は? 90

4-6 梱包・包装を知ろう
専門業者ならではの、モノに応じたワザあり技術 92

4-7 仕分けを知ろう:出荷するモノを届け先別に分ける
手仕分けか、それとも自動仕分けか 94

4-8 パレットを知ろう:荷役の重要アイテム
モノを効率的に動かすことをサポート 96

COLUMN 物流施設を供給する不動産開発会社
倉庫は「所有」から「利用」の時代に 98

5章 物流情報システムの基本 99

5-1 物流を支える情報システムとは?
作業進行もモノの位置も「見える化」 100

5-2 輸配送管理システム(TMS)を使う
効率的に運ぶことをサポート 102

5-3 貨物追跡システムを使う
モノの現在位置をリアルタイムで把握する 104

5-4 倉庫管理システム(WMS)を使う
物流施設内での荷役作業を効率化する 106

COLUMN 物流情報システムの最新トレンド
「見える化」に続く投資テーマとは… 108

6章 物流コストの基本 ……… 109

- 6-1 物流コストとは？
  物流コストの5割以上は「輸送費」 …… 110
- 6-2 自社でやるか、物流業者に委託するか
  物流アウトソーシングが増加傾向 …… 112
- 6-3 輸送コストを知ろう(1)トラック運賃の仕組み
  「貸し切り」「積み合わせ」を使い分ける …… 114
- 6-4 輸送コストを知ろう(2)鉄道、船舶、航空運賃の仕組み
  タリフ(標準運賃表)の基本は「距離×重さ」 …… 116
- 6-5 輸送コストを知ろう(3)輸送手段の選び方
  トラックか鉄道か？ 船舶か飛行機か？ …… 118
- 6-6 自家輸配送のコストを知ろう
  自分で運べばコストは下がる？ 上がる？ …… 120
- 6-7 保管コストを知ろう
  増減する在庫量に合わせた保管料の計算 …… 122
- 6-8 荷役・流通加工コストを知ろう
  「ちょっと動かす」にも費用は発生する …… 124
- 6-9 梱包・包装・資材コストを知ろう
  作業費＋資材コストを低く抑えるには …… 126
- 6-10 センターフィーを知ろう:納品業務を簡略化する「手数料」
  「モノの価格×料率」はメリットに見合うか …… 128
- 6-11 情報管理コストを知ろう:初期費用とランニングコスト
  ローコストの「クラウド型」で中小企業も導入可能 …… 130
- 6-12 物流ABCを知ろう
  作業ごとの単価を正確に把握する …… 132
- COLUMN KPIは物流管理の通信簿
  業務目標の達成度を測定する …… 134

21

7章 ロジスティクス業務の基本 ……… 135

7-1 「ロジスティクス」という言葉を知ろう
軍事用語 logistics の日本語訳は「兵站」 ……………………… 136

7-2 ロジスティクス部門の機能と責務
「物流部」とは異なる活動範囲と役割 ……………………… 138

7-3 調達領域でのロジスティクス
発注から生産ライン投入までを最適化する ……………… 140

7-4 生産領域でのロジスティクス
つくりすぎないようにブレーキをかける ………………… 142

7-5 販売領域でのロジスティクス
「売り逃し」「売れ残り」を減らす体制 …………………… 144

7-6 物流拠点のマネジメント
「分散」か「集約」か、総合的で難しい判断 ……………… 146

7-7 輸配送のマネジメント:「頻度」と「量」をバランス
リードタイムを考慮しトータルコストをダウン ………… 148

7-8 在庫のマネジメント:適正水準をコントロール
「欠品リスク」も「不良在庫化」も回避 ………………… 150

7-9 情報のマネジメント
一元管理で「見える化」を推進 …………………………… 152

7-10 サプライチェーンマネジメント(SCM)を知ろう(1)
「調達」「生産」「販売」をまとめて管理する …………… 154

7-11 サプライチェーンマネジメント(SCM)を知ろう(2)
流通業主導型のSCMとは ………………………………… 156

COLUMN オムニチャネル対応
ネット時代が迫るサプライチェーン再構築 ……………… 158

8章 次世代ソリューションの基本 159

8-1 物流ドローンが飛び回る日は近いのか？
小型無人機活躍のための条件は 160

8-2 物流ロボットは普及するのか？
人手不足で注目も課題は処理能力向上 162

8-3 トラックの自動運転は可能なのか？
高速道路での実用化は「東京-大阪間」から 164

8-4 トラック版Uberが輸配送効率化の切り札に？
空きトラックと荷物をマッチング 166

8-5 宅配ボックスは普及するのか？
「再配達率2割」の現状打破に期待も導入コストが問題 168

8-6 AI（人工知能）は物流領域でどう活用されるのか？
会話AI、画像判別など導入始まる 170

8-7 「貨客混載」にはどんなメリットがあるのか？
旅客輸送のバスやタクシーが貨物も輸送する 172

8-8 RFIDは普及するのか？:卵とニワトリの議論
コストダウンが先か？　普及が先か？ 174

COLUMN サードパーティー・ロジスティクス（3PL）
包括的に物流管理を代行する第三者 176

おわりに 177

参考文献リスト 178

索引 179

本書中に記載されている情報は、2017年11月時点のものであり、ご利用時には変更されている場合もあります。
本書に記載されている内容の運用によって、いかなる損害が生じても、ソシム株式会社、および著者は責任を負いかねますので、あらかじめご了承ください。
本書に記載されている社名、商品名、製品名、ブランド名などは、各社の商標、または登録商標です。
本文中に、TM、©、® は明記しておりません。

1章

物流機能の基本

物流は、輸配送、保管、荷役、流通加工、
梱包・包装、情報管理の6つの機能で構成されています。
私たちの手元にモノが届くまでに、この6つの機能が
それぞれどのような役割を果たしているのか。
この章では、その過程を図解や
写真を使いながら詳しく説明していきます。
物流がカバーしている領域が広範にわたっていること、
様々な産業を支えていることを理解してください。

「物流」という言葉を知ろう

さまざまな産業を支える「血液」の役割

　「物流」という言葉を、誰でも一度は見たり、聞いたりしたことがあるのではないでしょうか？ とくに近年は「ネット通販の拡大で物流業界が人手不足に陥っている」といったニュースが盛んに報道されるなど、社会の物流に対する注目度が高まっていますので、その機会は従来よりも増えているはずです。

　「物流」は1950年代に米国から輸入された「Physical Distribution」という言葉の和訳である「物的流通」の略です。単にモノを「運ぶ」ことだけではなく、モノが顧客や目的地に届くまでの過程で行われる輸配送、保管、荷役、流通加工、梱包・包装、情報管理といった活動全体を指しています。この6つの活動は物流の6大機能と言われています。

　物流関連団体の1つである日本ロジスティクスシステム協会が監修する「基本ロジスティクス用語辞典」によれば、「物流」は「商品の供給者から需要者・消費者への供給についての組織とその管理方法およびそのために必要な包装、保管、輸配送と流通加工、並びに情報の諸機能を統合した機能をいう」と定義されています。

　物流は様々な産業を支える「血液」の役割を果たしていると言えます。その物流を構成する6つの機能については次項以降で詳しく説明していきます。

物流の6大機能

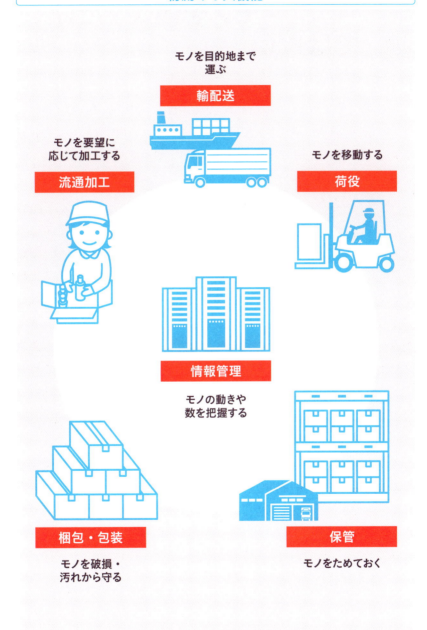

物流を構成する6つの機能

「物流＝モノを運ぶ」だけではない

　物流は、「輸配送」「保管」「荷役」「流通加工」「梱包・包装」「情報管理」の6つの機能で構成されています。それぞれの機能についての詳細は次節以降で説明します。ここでは、ネットで注文を受けたアパレル製品を購入者の自宅に届けるまでの流れに沿って、各機能についてイメージしてみてください（右ページ参照）。

　まず、海外や国内の工場で生産したアパレル製品を、船舶や航空機、トラック、鉄道を使ってネット通販会社の倉庫（物流センター）まで輸送します。倉庫に送った製品は、値札貼りなどの流通加工を施した後、倉庫で保管し、出荷のタイミングを待ちます。続いて、購入者から注文が入る（情報管理）と、そのデータに基づき、倉庫では製品のピッキングや仕分けといった荷役や、段ボールへの箱詰めなど梱包・包装を行います。その後、出荷準備が整った製品を、宅配便会社などに引き渡し、自宅まで配送します。

　少し乱暴かもしれませんが、「輸配送＝運ぶ」「保管＝置く」「荷役＝ちょっと動かす」「流通加工＝手を加える」「梱包・包装＝守る」「情報管理＝数える」といった覚え方でも構いません。いずれにせよ、物流がカバーしている領域は広いということ。そして、この6つをうまく機能させることで、物流が円滑に進んでいき、消費者の手元にモノが届くということを理解してください。

物流機能の基本 | Chapter 1

6つの機能が連携してモノが届く

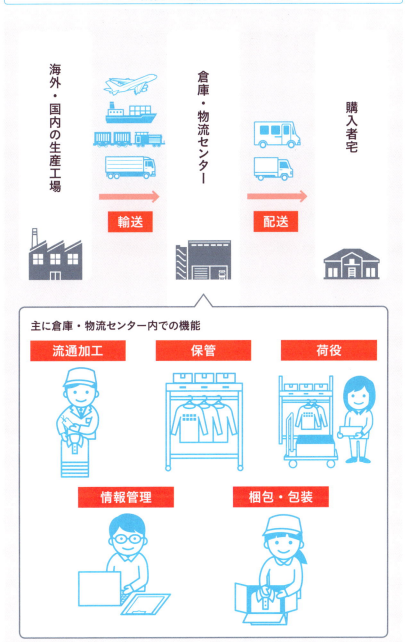

「輸配送」を知ろう

まとめて運ぶ「輸送」、小口で配る「配送」

　「輸配送」とは、「輸送」と「配送」が結合した言葉で、モノを移動させる活動を意味します。輸送は、比較的大量のモノを、A地点からB地点まで移動させること。一方の配送は、A地点からB、C、Dなど複数の地点にモノを移動させることを指すとも言われています。輸送は「まとめてドーンと運ぶ」、配送は「少しずつ配って回る」とイメージしてください。また、長距離の移動を輸送、短距離の移動を配送と使い分けることもあります。

　輸配送の手段には、主に、船舶、飛行機、鉄道、自動車（トラック）があります。このうち、何を使うかは、移動させるモノの種類や形状、ボリューム（量）、スピード（移動時間）、場所などによって異なります。それぞれの特徴などについては、3章で詳しく説明していくことにします。

　一般的には、船舶、飛行機、鉄道でモノを移動させる場合には輸送という言葉を使います。例えば、「船舶で配送する」とは表現しません。船舶、飛行機、鉄道は、主に「長距離での移動＝輸送」で利用されるためです。これに対して、自動車（トラック）の場合は、「トラックで輸送する」「トラックで配送する」といった具合に、輸送と配送のどちらも使います。

　前節（1-2）の図で、工場から倉庫（物流センター）まで運ぶことを輸送とし、宅配便会社から自宅まで運ぶことを配送と表記したのは、前者がアパレル製品を「まとめてドーンと運ぶ」、後者が「何軒かを配って回る」ためです。

物流機能の基本 | Chapter 1

輸送とは

A 地点　　　　　　　　　　　　　　　　B 地点

大量のモノをまとめて一括で運ぶ

配送とは

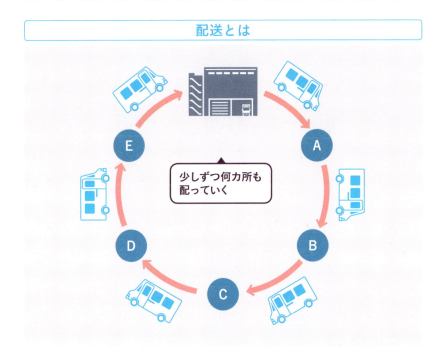

少しずつ何カ所も配っていく

31

「荷役」を知ろう

主に倉庫内でモノを動かす

　「荷役(にやく)」とは、船舶や飛行機、鉄道、トラックにモノを積み込んだり、下ろしたり、倉庫や物流センター内でモノを少しだけ動かしたりする作業を指します。もう少し細かく説明すると、荷役には、入庫、出庫、格納、運搬、仕分け、ピッキングなどの作業があります。これらの作業は基本的にマンパワー（人手）や機械で処理されます。

　港に接岸した大型船舶から箱（海上コンテナ）がクレーン（ガントリークレーン）で取り出されたり、2つの大きな爪が伸びた車両（フォークリフト）が木製の板（パレット）に載った複数の段ボール箱をトラックに積み込んでいる様子を見たことはありませんか？　それらはいずれも荷役となります。

　また、倉庫や物流センター内の棚（ラック）にモノを置くこと、さらにその棚からモノを取り出すこと（ピッキング）、モノを届けるエリアごと、店舗ごと、購入者ごとなどに分別すること（仕分け）、モノを施設内で移動させること（運搬）も荷役です。倉庫や物流センターで働いているスタッフのほとんどは、この荷役を担当していると考えてください。

　荷役では、人手だけで対応できない大きさや重さのモノを動かしたり、人手よりも迅速にモノを動かすために、様々な道具・機械が使われています。台車、カゴ車、ハンドフォーク、フォークリフト、トップリフター、ガントリークレーン、自動ラック、コンベヤ、ソーターといった荷役作業を補助する道具・機械は、「マテハン（＝マテリアルハンドリング）機器」と呼ばれています。

機械や人力で行う「荷役」

ガントリークレーンで
海上コンテナを出し入れする

フォークリフトを使って
トラックに積み込む

カゴ車を移動する

コンベヤで搬送する

ピッキングしたモノを段ボールや
オリコン（折り畳みコンテナ）に入れる

フォークリフトで
モノを棚に格納する

写真出典：SBSホールディングス ホームページほか

「保管」を知ろう

1-5 輸配送のタイミングを待って、モノをためておく

　「保管」とは、工場や倉庫、物流センターといった施設でモノを一時的もしくは一定期間ためておく（貯蔵する）機能を指します。例えば、工場で生産されたモノが倉庫に輸送される（運ばれる）までの間、工場内にモノをためておくことや、小売店舗や消費者に配送されるまでの間、倉庫や物流センターにモノを置いておくことが保管となります。

　輸配送がモノの空間的移転であるのに対し、保管はモノの時間的移転であるとともに、モノの価値を維持するための行為であるとも説明できます。例えば、日持ちする野菜の場合、収穫してすぐに大量の野菜を市場に供給すると、値崩れが発生する恐れがあります。そこで、野菜を保管しておき、市場の需要に合わせて、少しずつ供給することで、野菜の価格（価値）を高値で維持することができます。これが保管することのメリットの1つとなります。

　つまり、保管とは、「モノが旅立つ前の時間稼ぎの行為」と捉えることもできます。その目的は「モノが金銭的な価値を損なわないようベストな状態を保ちながら、輸配送されるタイミングを待つこと」だと理解すればよいでしょう。

　保管はモノの価値を守らなければなりませんから、モノを置いておく（ためておく）場所は、雨風や日射などをしのげる屋根や壁のある施設である必要があります（ただし、天候等の影響で価値が劣化しないモノである場合は、野ざらしの状態で保管する場合もあります）。そのための施設が工場や倉庫、物流センターとなります。

保管場所は工場、倉庫、物流センター

倉庫や物流センターはモノを一時的あるいは長時間保管する施設

施設内では効率よく保管するため、天井近くまでモノを積み重ねる

ワインのように、長期間の保管で金銭的価値が高まるモノもある

写真出典：SBS ホールディングス ホームページ

穀物や飼料などを専門的に扱う保管施設

写真出典：上組 ホームページ（左）、富士ロジテックグループ ホームページ（中）（右）

「流通加工」を知ろう

「製品」を「商品」にする値札貼りなどの作業

　「流通加工」とは、製品に様々な加工を施して商品としての付加価値を高める作業を意味します。例えば、海外や国内の工場で生産されたアパレル製品に値札をつけたり、海外ブランドの化粧品に日本語表記の取り扱いラベルを貼付したり、複数の調味料を箱詰めして「お歳暮セット」をつくったり、チラシやパンフレットを封筒に入れたりする作業が流通加工に相当します。

　流通加工では、多くの場合、マンパワー（手作業）による処理が求められます。仮に、工場の生産ラインから製品が「すぐに販売できる状態」で出てくれば、流通加工は要らないかもしれません。しかし現実には、機械で自動化できる作業には限界があります。また、同じ製品であっても、取引先によって、少し異なる姿にした状態での製品供給を求められるケースもあるため、流通加工が必要になります。

　流通加工がカバーしている範囲は広範にわたります。パソコンや各種通信機器のセットアップ作業も流通加工ですし、野菜を食べやすい・売りやすい大きさにカットする作業も流通加工の1つです。小売店舗の店頭に並んでいる販促用パネルの組み立て作業も流通加工として処理されています。

　こうして見ていくと、流通加工とは、生産側や販売側にとって、煩雑で手間の掛かる細かな「商品化」のための作業を、倉庫や物流センターといった施設内で物流側が肩代わりする機能であると言えるでしょう。

物流機能の基本 | Chapter 1

流通加工の範囲は広い

流通加工＝製品に様々な加工を施して商品としての付加価値を高める作業

食べられない部分を取り除いたり、販売する単位に合わせて野菜をカットする

輸入ワインに日本語表記ラベルを貼る

店頭に並べるアパレル製品に値札を貼る

バラ単位の化粧品ボトルを箱詰めする

37

「梱包・包装」を知ろう

1-7 破損や汚れからモノを守り、効率よく運ぶ

　「梱包・包装」とは、モノを運んだり（輸配送）、動かしたり（荷役）するときに発生する衝撃によってモノが壊れてしまったり、雨風や塵などによってモノが汚れてしまったりすることを防ぐための作業です。価値が下がらないようにモノを「守る」ことが目的となります。また、バラバラになっているモノを1つにまとめることで、運びやすくしたり、動かしやすくしたりすることも梱包・包装の役目です。

　梱包・包装の方法は、船舶で運ぶのか、トラックで運ぶのかといった輸送手段や、輸送の時間やルート、気候などの輸送条件、動かす対象となるモノの特性などによって異なります。また、梱包・包装で使用する資材も、手段と条件と特性に合わせて、最適な組み合わせを選択します。

　もっとも身近な梱包・包装は、段ボールの中にモノを入れ、さらに新聞紙などの紙を緩衝材として入れてモノを包み込んだりするスタイルです。しかし、段ボールや新聞紙の強度では不十分だったり、そもそも梱包・包装すべきモノが段ボールには入りきらない大きさであることもあります。そのような場合には、木材やプラスチック、金属など、段ボールよりも強度があり、大きさの制約を受けない資材を用いて梱包・包装し、モノを破損や汚れから守らなければなりません。

　輸送手段、輸送条件、製品特性に応じて、どのような梱包・包装を施すべきかについては、過去の輸配送や荷役の実証実験や実運用などを通じて、そのノウハウが確立されています。梱包・包装の具体的な手法については、4-6で細かく触れることにします。

Chapter 1 物流機能の基本

梱包・包装の主目的は「保護」

モノが箱の中で動かないように
エアキャップなどの緩衝材を入れる

段ボールなどの容器におさまらない
場合は木枠などを使って固定する

菓子箱などを包装する
「キャラメル包装」の機械。
作業スタッフが
手作業で処理するよりも、
スピーディー、綺麗、ミスなく
包装することができる

化粧品のケースを
1つずつパッケージングする
シュリンク包装の機械

写真出典：SBSホールディングス ホームページほか

「情報管理」を知ろう

いつ、どこに、どれだけ動くのかを把握する

　「情報管理」とは、物流が展開されていく過程で発生する様々な情報（データ）を正確に把握し、管理することを指します。その目的は、「荷役」「流通加工」「梱包・包装」「輸配送」「保管」といった物流の作業を、ミスなく円滑に進めていくことにあります。

　例えば、顧客からの受注情報（いつ、どこに、何を、どれだけ届けてほしい、という依頼）は、出荷指示情報として倉庫や物流センターに送られますが、もしこの情報に誤りがあったら、当然ながら間違った作業が進みます。そのため、最終的に顧客には注文通りのモノが届きません。だからこそ、情報は正確に管理することが重要になります。

　ちなみに、物流情報には、在庫情報、入出庫情報、出荷指示情報、ロケーション管理情報、輸送情報、貨物追跡情報・・・など数多くのデータがあります。

　かつて、こうしたデータは主に紙ベースで管理されてきました。そのため、データを加工したり、受け取ったデータをそのまま転記したりするタイミングでミスが発生することもありました。しかし、現在では、情報システムを介したデータのやり取りが主流になったことで、データ上のミスが減るとともに、管理そのものの手間も掛からなくなりました。

　物流の「情報管理」のために、どのようなシステムが開発・導入され、さらにはそれらのシステムがどのような機能を果たしているのかについては、5章で詳しく説明していくことにします。

管理する物流情報とは

輸配送

- **輸送情報（車両位置情報）**
トラック、鉄道、船舶、航空機がいまどこにいるのか

- **出荷指示情報**
何（種類）をいつ（日時）、どれだけ（量）、どこからどこまで（場所）運ぶべきか

- **貨物追跡情報**
いまモノがどこにあるのか（どこを輸送中なのか）

保管

- **ロケーション管理情報**
どの場所に保管するのか

- **入庫・出庫情報**
何がどれだけいつ入って、いつ出ていくのか

- **在庫情報**
何がどれだけ保管されているのか

荷役

- **出荷指示情報**
何をどれだけ取って（ピッキング）、どう分ける（仕分ける）のか

- **ロケーション管理情報**
どの場所に動かすのか

流通加工

- **出荷指示情報**
何をどれだけどのように加工するのか

梱包・包装

- **出荷指示情報**
何と何を同梱するのか、どんな包み方をするのか

「物流会社」を知ろう

トラックなど「運送業」、輸配送以外の「倉庫業」

　繰り返しになりますが、物流は輸配送、荷役、保管、流通加工、梱包・包装、情報管理の6つの機能で構成されています。物流を必要とする企業（製造業や流通業など）は、それぞれの機能を自ら担うこともあれば、その一部または全部を、有償で専門的に行う「物流会社」に委託することもあります。この物流会社は大きく、主に輸配送機能を担う「運送業」と、主にその他の物流機能を担う「倉庫業」に分けることができます。

　運送業には、自動車を使ってモノを運ぶ「道路貨物運送業（トラック運送業）」や、船舶を使う「水運業（海運業）」、鉄道を使う「鉄道業」、航空機を使う「航空運輸業」などがあります。代表的な企業は、トラック運送業ではヤマト運輸、佐川急便、西濃運輸、福山通運など、海運業では日本郵船、商船三井、川崎汽船など、鉄道業では日本貨物鉄道（JR貨物）、航空運輸業では日本航空、全日本空輸などとなります。

　一方、倉庫業には、三菱倉庫、三井倉庫、住友倉庫、澁澤倉庫などがあります。さらに、日本通運のように、運送業や倉庫業を兼業する「総合物流会社」も存在します。また、山九や上組のように、船舶への積み降ろしなど港湾での荷役を主たる事業にしている物流会社もあります。

　ここで挙げたのは、いずれも売上規模が数千億円超の大企業ばかりです。しかし実際には、日本の物流会社の大多数は中小零細の事業者が占めています。例えば、トラック運送業では全事業者数約6万2000社のうち、保有トラック台数100台以下の中小零細事業者の割合が全体の95％超に達しています。

物流業の営業収入と従業員数

		営業収入（円）	従業員（人）
運送業	トラック運送事業	14兆3,685億	144万
	JR貨物	1,312億	6,000
	内航海運業	8,998億	2万
	外航海運業	4兆3,337億	7,000
	港湾運送業	1兆942億	5万2,000
	航空貨物運送事業	2,684億	3万4,000
	鉄道利用運送事業(注1)	2,529億	6,000
	外航利用運送事業(注1)	3,185億	4,000
	航空利用運送事業(注1)	5,564億	1万5,000
倉庫業	倉庫業	1兆7,608億	10万5,000
	トラックターミナル業	286億	500
	合計	約24兆	約169万

(注1: 利用運送事業者とは、荷主と運送契約を結び、トラック、鉄道、船舶、航空といった輸送手段を利用して運送行為を行う事業者で、自らは実運送行為を行わない「代理店」的な存在)

出典：国土交通省

トラック運送業の車両規模別事業者数

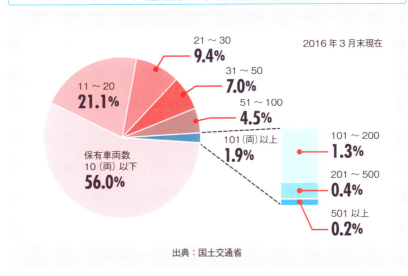

出典：国土交通省

COLUMN

急拡大する宅配便市場の課題

ネット通販を支える
運び手がいない

　日本の宅配便市場は急成長を遂げています。国土交通省によれば、2016年度の宅配便取扱個数は、前年度比7.3％増の40億1861万個となり、初めて40億個の大台を突破しました。今後も増加傾向は続くと見られており、2030年代には60億個に達するとの試算も出ています。

　高い伸び率を示すようになったのは2010年頃からです。アマゾンや楽天をはじめとするネット通販の普及がその背景にあります。パソコンやスマホで欲しいモノを購入すると、宅配便で翌日や当日中に自宅まで届く。こうした新しい買い物のスタイルが消費者に支持され、それに伴い、宅配便に対するニーズも急拡大してきました。

　しかしその一方で、実際にモノを運ぶ宅配便の現場には、大きな負荷が生じるようになりました。モノが増え続けているにもかかわらず、慢性的な人手不足で、物量に見合うだけの配達ドライバーを確保できない。そのため、既存のドライバーたちは長時間労働を強いられるようになったほか、クリスマスシーズンなどの繁忙期には、処理能力が追いつかず、期日までにモノを届けられない「遅配」が発生するようになりました。

　宅配便最大手のヤマト運輸は2017年度、宅配便の取扱個数を制限する「総量規制」を導入しました。この取り組みは、ドライバーの労働環境の改善とサービス品質の維持が目的です。さらに、宅配便各社は、人件費の高騰を理由に、運賃・料金の一斉値上げに踏み切りました。これを契機に、物流業界では、宅配便のみならず、各種輸送モードの運賃や倉庫内での作業料金を値上げする方向に動き出しています。

　ネット通販はモノが購入者の手元に届くことで商取引が完結します。届けるという行為の受け皿である宅配便の機能が人手不足を理由に麻痺してしまうと、ネット通販の成長にも暗い影を落とす可能性もあります。

2 章

調達・生産・販売物流の基本

企業活動において、求められる物流の機能は
部門によって異なります。
この章では、製造業の調達、生産、販売部門、
さらに卸や小売りといった流通業で必要となる
物流業務について説明していきます。
また、時代のニーズの変化に伴い、
求められる物流の機能がより高度化、
複雑化していることについても触れています。

「調達」「生産」「販売」領域での物流機能を見てみよう

2-1 求められる機能は部門で異なる！

　製造業の組織は一般的に「調達部門」「生産部門」「販売部門」に大きく分かれています。調達部門の主な役割は、生産活動に必要な原材料や資材、部材などを外部から調達（購買）することにあります。生産部門は、調達した原材料や資材、部材を使ってモノづくりを行い、販売部門は商品を企業や消費者に供給する役目を担っています。

　この「調達」「生産」「販売」の領域では、それぞれに物流が発生しますが、求められる機能は異なります。調達部門では、取引先（サプライヤー）から送られてくる（もしくは自ら取りにいく）原材料や資材、部材を、長期または一時的に保管し、それらを必要な量だけ必要なタイミングで生産部門に引き渡すまでの物流を担当します。これを「調達物流」と言います。

　一方、生産部門では、調達から受け取った原材料や資材、部材の生産ラインへの投入、でき上がった製品の梱包・包装、工場内での搬送などの荷役、販売部門が管理する物流センターへの輸送などを行います。「生産物流」あるいは「構内物流」と呼ばれています。

　販売部門では、商品の保管、値札貼りなどの流通加工、ピッキングや仕分けといった荷役、企業や消費者に商品を届ける輸配送などを担います。これを「販売物流」と言います。

調達・生産・販売物流の基本 | Chapter 2

製造業における3つの領域と物流機能

調 達

生産活動に必要な原材料・資材・部材をサプライヤーから集めて管理する

生 産

調達したモノを必要な分だけ生産ラインに投入する。生産した製品を販売部門に供給する

販 売

生産したものを流通加工したりして一時保管した後、購入者に輸配送して届ける

47

調達領域での物流業務を知ろう

2-2 原材料、部品などを仕入れ、管理する

　生産のために必要な原材料や資材、部材は、原則として、それらを納品する取引先（サプライヤー）によって工場まで届けられます。これに対して、調達（購買）部門は、発注した通りにきちんとモノが納められているのかをチェック（この作業は「検品」と呼ばれる）し、工場内あるいは工場近隣の施設で保管した後、生産部門に原材料や資材、部材を引き渡すまでの物流業務を担います。

　近年は、原材料や資材、部材の納品をサプライヤー任せにするのではなく、調達する側がトラックなどを用意して、サプライヤーまで取りにいくという取り組み（**ミルクラン**と呼ばれる）も増えています。その場合、調達部門における物流の守備範囲はサプライヤーと自社の間の輸配送まで広がることになります。

　調達領域の物流業務において重要なのは、原材料や資材、部材などを数の不足などを発生させず安定的に生産部門に供給していくことです。例えば、家電製品や自動車の生産工場では、完成に必要な部品のうち、1アイテムでも欠品が生じると、製品の組み立て作業全体が滞ってしまうからです。生産ラインが止まることは製造業の経営にとって大きな損失となりかねません。

　ミルクラン
牛乳メーカーが酪農家を巡回して生乳を集める様子に似ていることから「ミルクラン」と呼ばれる。調達側が部品などを取りにいくため、部品価格に含まれる輸送費を切り離し、物流コストを透明化することができる。

調達・生産・販売物流の基本 | Chapter **2**

調達物流の「輸配送」方式

通常の調達物流

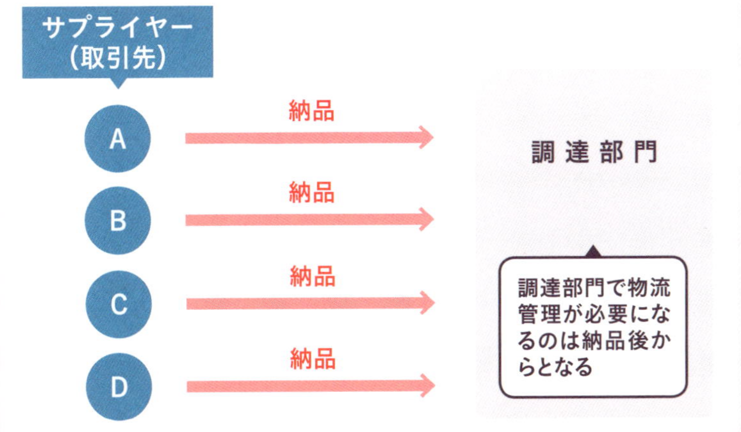

サプライヤー
（取引先）

A ──納品──→

B ──納品──→

C ──納品──→

D ──納品──→

調 達 部 門

調達部門で物流
管理が必要にな
るのは納品後か
らとなる

ミルクラン方式

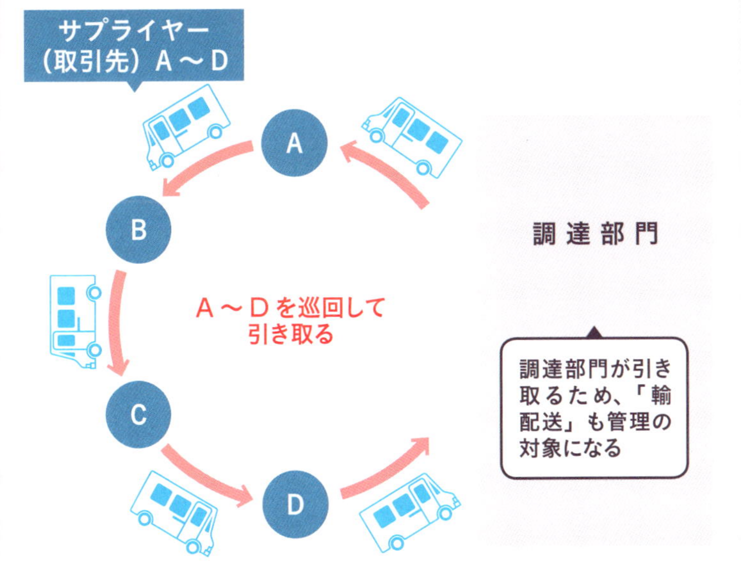

サプライヤー
（取引先）A〜D

A
B
C
D

A〜Dを巡回して
引き取る

調 達 部 門

調達部門が引き
取るため、「輸
配送」も管理の
対象になる

49

生産領域での物流業務を知ろう

出荷まで保管する機能も担う

　生産部門でカバーしている物流の仕事は、原材料や資材、部材の生産ラインへの投入、生産されたモノの「梱包・包装」や、工場内での搬送作業と一時保管、販売部門への製品の引き渡し（輸送）などです。これらの業務はまとめて「工場内物流（構内物流）」と呼ばれることもあります。

　例えば、工場でつくられるポテトチップスが、小袋に入った状態で1個ずつ生産ラインから出てくるとします。これらを決められた数量だけ段ボールに箱詰めして「1ケース」分のポテトチップスをつくることが、生産領域での「梱包・包装」作業です。さらに、1ケースにまとめられたポテトチップスは、行き先（販売先）が決まるまで工場内で一時保管されるわけですが、その保管場所まで搬送する「荷役」も生産物流の仕事となります。

　右ページの図解は、工場内で医薬品を箱詰めしていくイメージです。このように現場のスタッフが医薬品を1つずつ手作業で「梱包・包装」することもあれば、機械で処理していく場合もあります。箱詰めされた医薬品はパレットに積まれ、フォークリフトで工場内の仮置きスペースで一時保管された後、トラックなどによって販売部門の拠点まで輸送されます。その際、自らトラックで運ぶのではなく、運送会社など協力会社に輸送を依頼する際には、車両の手配などの業務も生産部門で担当することになります。

調達・生産・販売物流の基本 | Chapter 2

工場内物流のイメージ

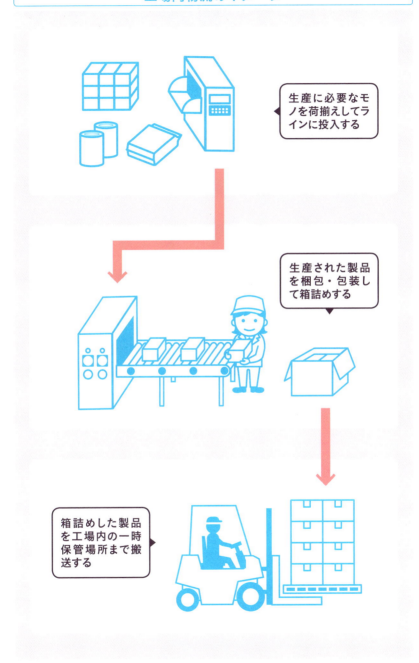

販売領域での物流業務を知ろう

2-4 作り手から買い手の店舗や企業に届ける

　販売領域での物流業務は、生産サイドから供給されたモノを受け取ったところからスタートします。製造業（メーカー）の場合、生産したモノは卸売業や小売業に販売されるのが一般的です。そうした販売相手からの注文に従って倉庫や物流センターからモノを供給していくことが、メーカーの販売領域における物流業務となります。

　通常、卸売業や小売業は、メーカーに対して一度にまとまった量のモノを注文します。1個当たりの購入単価を低く抑えるためです。その場合、メーカーから卸売業・小売業へのモノの流れは、例えばトラック1台分やパレット1枚分など「大量一括」が基本です。メーカーの倉庫や物流センターで必要となるピッキングや仕分けといった荷役も、パレット単位など大ロット（1回当たりの取引量が大きい）での処理となります。

　しかし近年は、卸売業や小売業との1回当たりの取引単位が小さくなったことで、少量のモノを何度も動かす（多頻度小口納品）ことが求められるようになりました。その結果、メーカーの販売領域における物流業務は、ケース単位での出荷を前提とした荷役作業など、より細かな対応が必要となっています。

　荷揃えしたモノを卸売業や小売業に届ける輸送業務についても同様です。従来は月に数回、週1回といった具合に輸送の頻度が限られていましたが、小口納品ニーズの高まりで、その回数は着実に増えています。それに伴い、輸送業務に使うトラックの手配など、管理の手間も掛かるようになっています。

調達・生産・販売物流の基本 | Chapter **2**

製造業の販売領域での物流業務

従来

メーカー工場

卸・小売の
物流センター

メーカーの倉庫・
物流センター

月数回・週1回など
「大量一括」納品

現在

メーカー工場

卸・小売の
物流センター

メーカーの倉庫・
物流センター

多頻度
小口納品

53

流通領域での物流業務を知ろう

2-5 多様化する卸・小売りなどの物流形態

　従来、モノは「メーカー→卸→小売り→消費者」と流れていくのが一般的でしたが、近年は「メーカー→小売り→消費者」「メーカー→消費者」といった具合に、中間流通の省略（「中抜き」と言われる）やメーカー直販といった取引形態も増えています。

　卸の役目はメーカーから仕入れたモノを、小売りの物流センターや店舗に供給することです。供給先が小売りの物流センターの場合、卸はある1つの商品アイテムについて、まとまった量（パレット単位やケース単位）を納品するのが基本です。ただし、物流センターへの納品でも、小売りからの要請により、店舗別に商品を仕分けした状態でモノを納品することもあり、その場合、卸にはケース単位やバラ単位など、より細かな作業（ピッキング、仕分けなど）を施すことが求められます。

　小売りサイドの販売物流は、3つのパターンが考えられます。1つは、小売りが自ら店舗へのモノの供給を手掛けるケースです。卸から供給されたモノを、自社で用意・運営する物流センターで荷受けし、店舗別にピッキング・仕分けなどを行った後、自社で手配するトラックで各店舗に納品する。この一連の物流業務を行う必要があります。

　もう1つは店舗〜消費者宅間の販売物流です。例えば、消費者が店舗で購入したものを当日や翌日に自宅まで配送する「お届けサービス」などがその対象となります。そして最後の1つが通販への対応です。消費者からネット経由などで注文を受けたモノを物流センターで荷揃えした後、宅配便などを使って消費者宅に直接届けるまでの物流業務です。

流通業での販売物流の仕組み

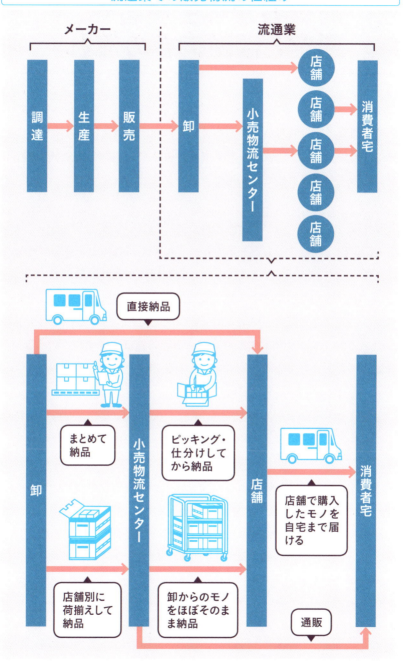

静脈物流の業務を知ろう

消費者から生産者へ、通常とは逆向きの流れ

2 -6

「調達」「生産」「販売」領域での物流が動脈物流と呼ばれるのに対し、企業や消費者から要らなくなったモノを回収する物流は「静脈物流」と呼ばれます。市場で売れ残ったモノや、ゴミとして廃棄処分が必要なモノ、さらに資源等として再利用できるモノなどが対象です。

売れ残ったモノは、販売物流の拠点まで回収した後、再商品化されて市場に供給されることもありますが、その多くはゴミとして廃棄処分されます。一方、回収したモノのうち、再利用の可能性があるモノについては、回収後に拠点でゴミとして処分するモノ（パーツなど）と再利用できるモノ（再資源化が可能な金属類など）に仕分けされ、再利用できるモノについてはリサイクルセンターなどに運ばれます。この「分解・解体」作業までも含めた一連の流れが静脈物流となります。

テレビや冷蔵庫といった家電製品は、2001 年に施行された「**家電リサイクル法**」で、再利用可能な部品のリサイクル化が義務づけられました。また、新聞や雑誌などの紙類、飲料のペットボトルなども焼却処分ではなく、回収・仕分けなどの作業を経て、再資源化されています。

地球環境保護に向けた取り組みの重要性が叫ばれる中、動脈物流のみならず、静脈までを含めた物流全体を適正に管理することが、企業には求められています。

家電リサイクル法
エアコン、テレビ、冷蔵庫、洗濯機など、過去に販売した製品や、買い替え時に不要になった製品を販売店が引き取り、家電メーカーにリサイクルすることを義務づけた法律。費用は消費者が負担する。

調達・生産・販売物流の基本 | Chapter 2

家電・OA機器のリサイクル処理

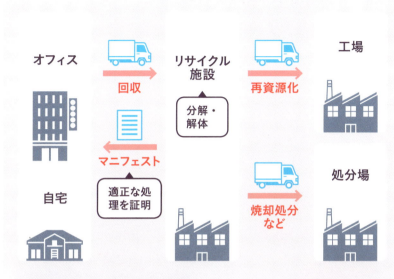

不要になった家電や機器を回収する

紙類やプラスチック類もリサイクルする

再資源化できる金属類を分解して取り出す

写真出典：SBSホールディングス ホームページ

サプライチェーンマネジメント (SCM) とロジスティクス

物流を捉え直す
キーワード

2章で見てきた「調達」から「生産」、「販売」に至るまでの一連のモノの流れは、サプライチェーン（供給連鎖）と呼ばれます。多くの製造業のように、調達と生産は自社でカバーしているものの、モノのエンドユーザーへの販売は卸や小売といった別の企業体（資本関係等がない）に委ねているケースもあれば、米GAPやユニクロ（ファーストリテイリング社）といったアパレル系製造小売り（SPA: Speciality store retailer of Private label Apparel）のように、調達・生産・販売のすべての機能を自社で有し、ビジネスを展開している企業も存在します。

モノの流れを一元的に管理することで、サプライチェーン上で発生している様々な無駄をなくしていこうという取り組みは、サプライチェーンマネジメント（SCM）と呼ばれます。欧米で生まれたSCMの考え方は90年代後半以降、日本においても広く浸透してきました。このSCMの詳細については、7章で後述することにします。

SCMとともに、「ロジスティクス（logistics）」という言葉に触れる機会も少なくないはずです。「ロジスティクス」はもともと軍事用語で、日本語では「兵站」と訳します。「兵站」とは、「最前線の部隊や兵士に武器や弾薬、食料などの物資を供給し続ける後方支援活動」であり、これがビジネスの世界において「モノを目的地に供給していく過程で必要となる物流機能を全体的に管理すること」を意味するようになりました。ロジスティクスについても7章で詳しく説明します。

調達・生産・販売物流の基本 | Chapter 2

SPAのサプライチェーンの仕組み

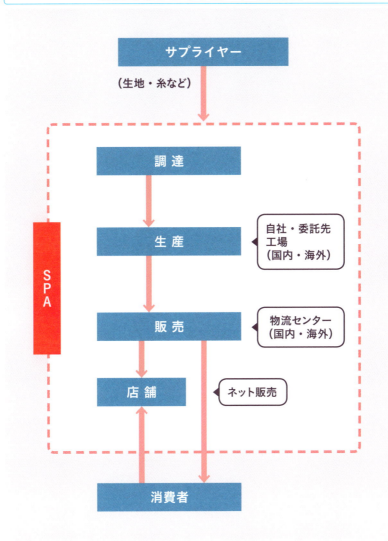

調達～生産～販売（店舗販売）までの
サプライチェーンを一元管理することで
無駄をなくし、低価格販売などを実現している

COLUMN

再び巻き起こった共同配送ブーム

「販売で競争、物流は協業で」を合言葉に

　モノの届け先が共通する複数の企業同士が配送業務を共同で行うことを「共同配送」と言います。各社がバラバラに配送するよりも、一緒に積んで運んだほうが輸送コストを低く抑えられるほか、届け先は荷受け業務を簡素化できます。その一方で、ライバル会社に販売データなどの情報が漏えいしたり、一定のルールを決めて配送するため、配達時間の指定など届け先に独自のサービスを提供できなくなるといったデメリットもあります。

　ここ数年、共同配送に取り組む企業が相次いでいます。とくに熱心なのはビール業界です。2011年、アサヒビールとキリンビールが東京都内で共同配送を開始。2015年にはこの取り組みにサッポロビールが参画し、3社体制となりました。さらに2017年には、北海道の道東エリアを対象にしたアサヒ、キリン、サッポロ、サントリーによる4社共同配送がスタートしました。また、食品業界でも味の素、カゴメ、ハウス食品など数社が共同配送に乗り出しています。

　こうして共同配送の輪が広がりつつある背景には、輸配送を担うトラックとドライバーの確保が困難になっていることが挙げられます。少子化による若年ドライバーの不足や現役ドライバーの高齢化などによって、今後はその傾向に拍車が掛かると見られており、各社とも先手を打つかたちで共同配送を推進しています。

　過去にも、90年代後半から2000年代初めにかけて、共同配送がブームになった時期がありました。ただし、その頃は長引く不況を乗り切るための「コスト競争力強化」が主な目的でした。これに対して、今回のブームは「モノが運べなくなるのでは」という危機感が背景にあります。ドライバー不足はこの先、常態化することも予想されており、共同配送は一時的なブームで終わらないかもしれません。

3章

輸送業務の基本

輸配送には主にトラック、鉄道、船舶、
航空機が利用されます。
どんなモノをどこまで運ぶのか。
いつまでに届ける必要があるのか。
コストをどれだけ掛けられるのか。
この章では、それぞれの輸送手段について特徴や
メリット・デメリットをまとめています。
ニーズに合った最適な輸送手段の選び方について学んでください。

トラック輸送を使う(1) 国内最大の輸送手段

3-1 ドア・ツー・ドアの利便性で総輸送量の90%超

　トラック輸送は、日本国内の総輸送量（トンベース）の90％超を占める最もメジャーな輸送手段です。船舶が港から港、鉄道が駅から駅、航空が空港から空港までの輸送であるのに対し、トラックは出発地（荷物の積み込み地）から最終目的地（届け先）まで直接「ドア・ツー・ドア」で輸送できる点が最大の特徴です。輸送時間も短く、例えば、東京・大阪間であれば、8～10時間程度でモノを届けることができます。

　トラックを使ってモノを運び、その対価を得ているのがトラック運送会社です。その数は国内で約6万2000社に達しています（2016年3月末現在）。サービスを利用する側は、①どこからどこまで運ぶのか、②どんなモノを運ぶのか、③運ぶモノの大きさ（容積や重量）はどのくらいなのか、④コスト（支払う運賃）はどのくらい掛かるのか——といった要件を基に、最適な委託先を選ぶことになります。

　トラック運送会社が提供する主な輸送サービスには、貸し切り輸送と特別積み合わせ輸送（路線便）があります。貸し切り輸送とはトラック1台を貸し切って積み地から届け先まで直接輸送するものです。例えば、A地点からB地点まで大量のモノを一括で運ぶ場合などに適しています。一方、路線便は、トラック1台分に満たない量のモノを、他社のモノなどと一緒に積み合わせて輸送し、最終的には目的地まで届けてもらうというものです。宅配便は、路線便の範疇に含まれます。

　貸し切り輸送と特別積み合わせ輸送の選び方などについては、6-3で詳しく説明することにします。

輸送業務の基本 | Chapter 3

輸送機関別分担率

国内の輸送はトラックのシェアが圧倒的に大きい

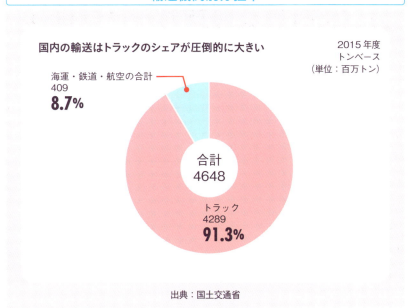

2015年度
トンベース
（単位：百万トン）

海運・鉄道・航空の合計
409
8.7%

合計
4648

トラック
4289
91.3%

出典：国土交通省

トラック運送会社の内訳

トラック運送会社の数は2004年に6万社を突破した

（2016年3月末現在）

	事業者数
特別積み合わせ（路線便）	286
一般（貸し切り）	56,722
特定	463
霊柩	4,705
合計	62,176

注：特別積み合わせの数は、一般の外数として計上している

トラック輸送を使う（2）多様な車両のタイプを知る

積載量と荷台形状・機能で使い分ける

　トラック輸送には様々なタイプの車両が用いられます。荷台部分がフラットになっているトラックは「平ボディ」と呼ばれ、囲いがないため様々な形状のモノが運べたり、積み降ろし作業が容易であったりする一方、直射日光を浴びたり、雨風の影響をもろに受けてしまったりというデメリットがあります。これに対して、「バンボディ」は荷台がアルミ製の箱型になっているため、天候の影響を受けにくいという特徴がありますが、「平ボディ」に比べ荷台部分の重量が大きいため、その分荷物を積める量（積載重量）が減ってしまいます。

　バンボディの両側が開閉する「ウイングボディ」は、スピーディーな積み降ろし作業が可能です。ただし、両側が開いた状態になると、その分、荷台部分が高くなるため、天井や屋根が低い場所では、その機能を活かせないこともあります。

　このほかにも、冷凍・冷蔵装置のついた「冷凍・冷蔵車」や、荷台の囲い部分を布地にして軽量化した「幌ウイング」などがあります。荷台部分と運転席部分の連結と切り離しが可能なトレーラーもトラックの一種です。

　一度に積める重量は車両によって異なります。一般的に、2トン以下は小型トラック、4トン以下は中型トラック、10トンクラスは大型トラックと呼ばれています。また、そのほかに、積載量が350キログラム以下の軽トラックや10トン超となる鉄鋼製品や機械類などの重量物を運ぶための特殊トラックなどもあります。

様々な形状のトラック

平ボディ
荷台部分がフラットになっている

バンボディ
荷台部分が箱型。雨風から荷物を守る

ウイングボディ
荷物の積み降ろしを容易にするため、バンボディ部分が開く

冷凍・冷蔵車
荷台部分に冷凍・冷蔵装置がついている

大きさ（積載量）によるトラックの分類

	積載量	主な用途
小型トラック	2トン以下	宅配便の集配、コンビニ店舗向けルート配送
中型トラック	4トンクラス（4〜8トン）	引越、卸〜小売りセンター間配送
大型トラック	10トンクラス（10〜15トン）	メーカー〜卸間輸送、路線便の幹線輸送

鉄道輸送を使う（1）国内では「JR貨物」

3-3 500km以上の長距離大量輸送に有利

　日本において鉄道を使った貨物輸送サービスを提供しているのは、日本貨物鉄道（JR貨物）という会社です。北海道から九州まで全国約240駅（取り扱い駅）を結ぶネットワークを構築し、機関車約600両、貨車約9000両を動かして、日々、様々なモノを運んでいます。輸送の形態は、石油や化学製品などを専用容器に入れて運ぶ「車扱い（しゃあつかい）」輸送と、12フィートや31フィートといったサイズの箱に農産物や工業製品などを入れて運ぶ「コンテナ」輸送に大別されます。

　鉄道輸送の最大のメリットは、1回の輸送でたくさんのモノを運ぶことができる点です。そのボリュームは1列車（コンテナ列車の場合）当たりで最大10トントラック65台分に達します。大量一括輸送が可能なため、輸送コストもトラックよりも割安となり、とくに輸送距離が500キロメートルを超える中長距離の場合には、コストメリットがより大きくなると言われています。

　一方、鉄道輸送のネックは、「ドア・ツー・ドア」の輸送が不可能であるため、荷物の積み地から駅まで、さらに到着駅から届け先までの両端の輸送にはトラックを利用しなければならない点です（両端の輸送は「通運」と呼ばれます）。鉄道輸送は駅でトラックから貨車へ、貨車からトラックへの積み替え作業などが発生し、その分トータルの輸送時間が掛かってしまうという不利もあります。そのため、スピードが求められる輸送では、トラックによる直接輸送が選択される傾向があります。

輸送業務の基本 | Chapter 3

鉄道輸送の仕組み

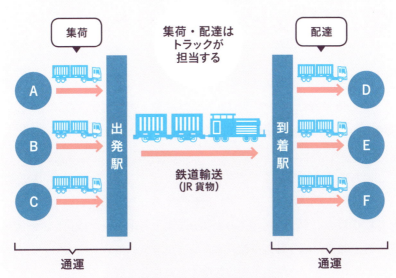

コンテナ列車は一度に 10 トントラック 65 台分を輸送できる

トップリフターでコンテナを
持ち上げて貨車に載せる

トレーラーにコンテナを載せて
目的地まで運ぶ

写真出典：日本貨物鉄道 ホームページ（上）、SBS ホールディングス ホームページ（下）

67

鉄道輸送を使う(2) 環境にやさしい輸送手段

鉄道モーダルシフトの
メリット・デメリット

　鉄道輸送には、環境負荷が小さいという特徴もあります。二酸化炭素(CO_2)の排出量は、トラック輸送の10分の1程度です。鉄道は「地球環境にやさしい」輸送手段の1つと言えるでしょう。

　このため、鉄道輸送を積極的に使っていこうという動きがあります。モノの輸送手段の方式（モード）を転換する「モーダルシフト」と呼ばれる取り組みです。国内輸送の大部分を占めるトラック輸送を、鉄道輸送や海上輸送に切り替えるモーダルシフトを進めていくことで、トラックドライバー不足の解消や環境負荷の軽減などを図ることが目的です。

　現在、トヨタ自動車やイオンといった国内の有力企業の多くが、トラック中心だった従来の輸送体制見直しに着手し、鉄道利用の比率を徐々に高めています。さらに、モーダルシフトを推進する企業に対して補助金を交付するなど、国もその普及を後押ししています。

　もっとも、今後、鉄道へのモーダルシフトの輪がどこまで広がっていくかは未知数です。JR貨物では、輸送時間短縮に向けて、列車の速度を上げたり、積み替え作業を迅速化していますが、「ドア・ツー・ドア」で輸送できるトラックの利便性を凌駕するまでには至っていないからです。実際、鉄道輸送の国内での輸送分担率は**トンベース**で0.9%、**トンキロベース**で5.4%台と低迷しています（2015年度、国土交通省調べ）。

トンベースとトンキロベース
トンベースとは運んだ重量（トン単位）のみで、トンキロベースとは運んだ重量に輸送距離（キロメートル単位）を乗じたもの。鉄道や海運など1回当たりの輸送距離が長い輸送手段の場合、トンベースよりもトンキロベースの数値が大きくなる傾向がある。

鉄道モーダルシフトの仕組み

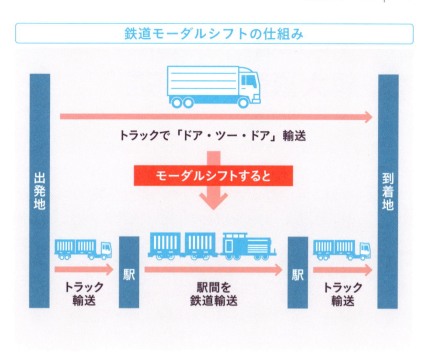

貨物輸送機関の CO_2 排出量比較

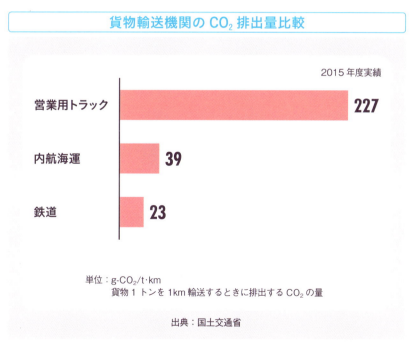

単位：g-CO_2/t·km
貨物1トンを1km輸送するときに排出するCO_2の量

出典：国土交通省

船舶輸送を使う（1）多様な船の種類

3
-5
スピードは劣るが
超大量輸送が可能

　船舶による輸送は、トラックや鉄道、飛行機が運べる量をはるかに上回る量のモノを、一度に運ぶことができる点が最大のメリットです。そのボリュームは、例えば、原油を運ぶ「タンカー」と呼ばれる船では20万トン超に達します。10トン積みのトラックで換算すると2万台分に相当します。このように大量一括での輸送が可能なため、重量や距離当たりのコストを低く抑えることができることも船舶輸送の魅力の1つです。

　しかしながら、スピードの面では他の輸送手段に劣ります。貨物船の速度は時速25〜45キロメートル程度です。そのため、輸送時間（日数）が掛かります。こうした特性から、船舶輸送は、①他の輸送手段では運べない規格外サイズのモノや大量のモノを、②時間を掛けてでも、③低コストで――運ぶことに適していると言えます。

　輸送に使われる船舶は多種多様です。トウモロコシや小麦などの穀物や、石炭や鉄鉱石などを運ぶ「バルカー（ばら積み船）」、原油や液化天然ガスなど液体物を運ぶ「タンカー」、木材チップを運ぶ「チップ専用船」、完成車を運ぶ「自動車専用船」、大型のモノを運ぶ「在来型貨物船」、モノを格納するコンテナと呼ばれる箱を運ぶ「コンテナ船」、トラックなどの車両が自走して船内に入ることができる「RORO（roll-on/roll-off）船」などがあります（右ページ写真参照）。

海運で活躍する船舶

ばら積み船（穀物）

原油タンカー

チップ専用船

自動車専用船

コンテナ船

写真出典：日本郵船 ホームページ

船舶輸送を使う（2）内航海運と外航海運

3 -6 島国・日本には欠かせない 輸送手段

　日本国内の港間を行き来する船舶輸送は「内航海運」と呼ばれます。現在、約5000隻の船が、主に石油製品や鉄鋼、セメントといった産業素材などを運んでいます。島国の日本で内航海運が果たす役割は大きく、国内の貨物輸送量全体の約40％（トンキロベース）を占めています。

　内航海運による二酸化炭素（CO_2）の排出量は、トラック輸送の6分の1程度であることから、近年はモーダルシフトの受け皿として注目されています。実際、ある食品メーカーでは関東〜九州間などを行き来する原材料品や完成製品の長距離輸送を、トラックから内航海運に切り替えて、環境負荷の軽減や輸送コストの削減を実現しています。

　一方、日本の港と海外の港を結んで輸出入に利用されているのが「外航海運」です。輸送を行う船会社は、寄港地と運航スケジュールが決まっている「定期船サービス」、寄港地や運航スケジュールを都度決める「不定期船サービス」を提供しています。

　「定期船サービス」で海外にモノを輸出する場合、船の運航スケジュールを確認して、船会社に直接あるいは代理店経由で、輸送を予約します。続いて、送るモノの通関手続きや港での船積み作業の手配を、通関業者や海運貨物取扱業者（海貨業者）に依頼します。船会社は海貨業者から引き取ったモノを船に積んで目的地（港）まで運びます。

内航海運による CO_2 排出量

内航海運は鉄道と同様、「環境にやさしい」輸送手段であり、CO_2排出量はトラック輸送の6分の1程度となっている（3-4グラフ参照）。

輸送業務の基本 | Chapter 3

国内輸送機関別輸送活動量

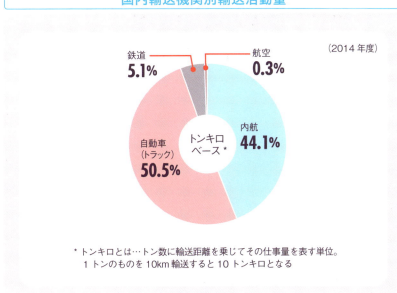

* トンキロとは…トン数に輸送距離を乗じてその仕事量を表す単位。
1トンのものを10km輸送すると10トンキロとなる

出典：国土交通省

定期船サービスの利用手順

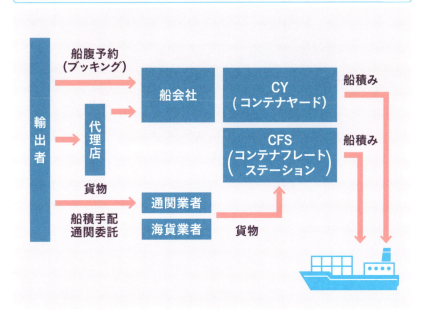

港湾運送（荷役）を使う

3-7 専門性の高い、港での積み降ろし作業

　船舶への積み降ろしや仕分け、港内での搬送といった荷役や一時保管などの作業は「港湾運送」と呼ばれています。この物流の仕事には、法律（港湾運送事業法）によって許可を受けた事業者（企業）のみが従事でき、日本では約90港が同法の適用対象となっています。国や地方自治体が管轄する港湾エリア内でのモノの出し入れは、こうした許可事業者に委託しなければなりません。

　港湾運送は、①一般港湾運送事業、②港湾荷役事業、③はしけ運送事業、④いかだ運送事業、⑤検数事業、⑥鑑定事業、⑦検量事業——の7つの事業に分類されます。このうち、②港湾荷役事業には、「船内荷役」と「沿岸荷役」があり、前者は接岸した船舶への積み降ろし作業（海⇔陸）まで、後者は港湾エリア内での荷さばき場への搬出入や一時保管といった作業に区分されています。

　港湾には、保安上の理由から、立ち入りが制限されているエリアがあります。そのため、港湾運送のオペレーション（作業）の様子を目にする機会が少ないかもしれません。例えば、「ガントリークレーン」と呼ばれる大型のクレーンで、船舶へのコンテナの出し入れをする作業は港湾運送（港湾荷役）の1つです。このクレーン1台の処理能力は1時間当たりコンテナ30本程度で、専門免許を持った操縦士が実際の出し入れを行っています。

輸送業務の基本 | Chapter 3

港湾運送事業の全体図

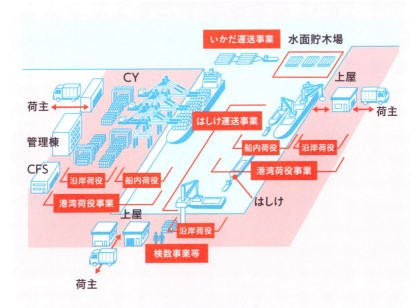

出典：国土交通省

船へのコンテナの出し入れは
ガントリークレーンを用いる

写真出典：横浜港埠頭 ホームページ

航空輸送を使う（1）旅客機の貨物スペースも使われる

3-8 他モードより割高だがスピードが強み

　飛行機による輸送は、トラックや鉄道、船舶に比べ圧倒的なスピードでモノを目的地まで届けられます。ただし、他の輸送手段よりもコスト（運賃）が割高であったり、1回の輸送で運べるモノの大きさや重量、品目に制限があるなどのデメリットもあります。

　航空輸送は、このような特性から、主に①緊急に届ける必要がある（納期が迫っている）モノ、②生花や生鮮品など日数が経つと価値が低下してしまう恐れのあるモノ、③精密機器や光学機器、高級アパレル品など、価格が高く輸送コストの負担力があるモノ——などに利用されます。また、動物やF1カー（レース用自動車）などを運ぶこともあります。

　航空輸送は、国内の空港間を結ぶ「国内輸送」と、日本と海外の空港間を結ぶ「国際輸送」に区分されます。「国内輸送」では、書類・印刷物、機械・機械部品、生鮮品、さらにトラック輸送ではカバーしきれないエリアに向けた翌日配達や当日配達が必要な宅配便なども運ばれています。一方、「国際輸送」では、主に機械・機器、化学製品、金属製品などが輸出入されています。

　輸送には、旅客機の胴体下部にある貨物用スペース（「ベリー」と呼ばれる）と貨物専用機が使用されます。ベリーには、旅客の手荷物も積むため、貨物で利用できるスペースは限られます。貨物専用機は「フレーター」と呼ばれ、客席がないため、胴体部分全体にモノを積むことができます。容積の大きいモノは、ベリーには収まらないため、フレーターで運ぶことになります。

輸送業務の基本 | Chapter 3

航空輸送には「貨物専用機」と「旅客機の胴体下部」を使用

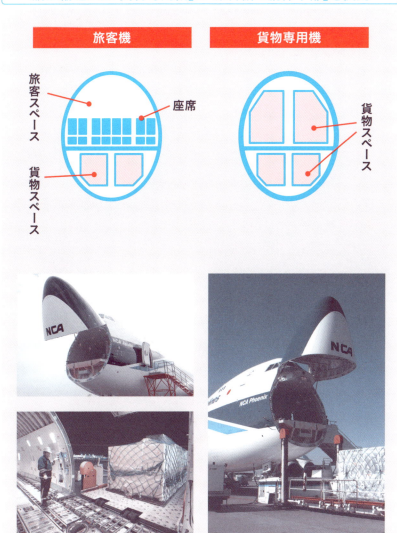

貨物専用機では機材の先端部分（ノーズ）からも貨物を出し入れする

写真出典：日本貨物航空 ホームページ

77

航空輸送を使う（2）国際航空貨物の9割が「混載」

3
-9
フォワーダー＝混載業者の役割

　航空輸送の利用方法には、「直送」と「混載」があります。このうち「直送」は航空会社に直接、あるいは航空代理店経由で航空会社に輸送を依頼するもので、一度にある程度まとまった量のモノを同一の目的地まで運んだり、貴重品、動物、危険品などを運ぶ場合に利用します。一方、「混載」は、航空フォワーダーと呼ばれる混載業者に輸送を依頼するものです。一度に運ぶモノの量が少ない（小口）場合に利用します。

　「直送」がトラック輸送の貸し切り便、「混載」が路線便とイメージすれば理解しやすいでしょう。ちなみに、日本から輸出される国際航空貨物の取扱量をみると、全体の90％超が混載扱いとなっています。

　混載を手掛ける航空フォワーダーは、同じ方面に輸送するモノを複数の顧客から集めて大口貨物にまとめる一方で、航空会社からは輸送スペースを安く仕入れます。航空フォワーダーは、複数の顧客から集めた運賃の合計から航空会社に支払うスペース運賃を差し引いた「混載差益」を得ています。この仕組みによって、「混載」を利用する側は、物量がまとまらない場合には「直送」よりも重量・容積当たりで安い運賃でモノを運ぶことができるようになっています。

　航空フォワーダーは、運びたいモノの集荷・配達、梱包、通関手続きの代行など航空輸送に関連した様々な付帯業務にも対応しています。そうした利便性の高さから混載を利用するユーザーも少なくありません。

航空貨物「直送」の仕組み

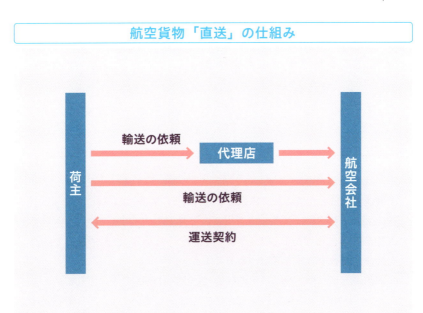

航空貨物「混載」の仕組み

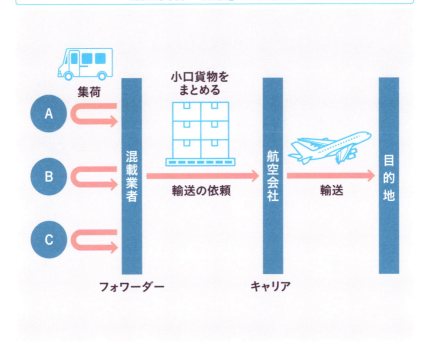

深刻化するドライバー人材不足

少子高齢化と 労働環境悪化を背景に

　「仕事はあるのにドライバーがまったく集まらない」——近年、トラック運送会社にとっての経営課題の1つが、ドライバー人材の確保です。紙媒体やネット媒体に募集広告を出すなど採用コストを掛けて、ようやく入社まで漕ぎ着けたとしても、長続きしないため、いつまで経っても安定的な人員数を維持できないようです。

　国内のトラックドライバーの数はピーク時に約90万人に達していました。それが2015年時点で約80万人にまで減少しています。ある業界団体の調査によれば、2020年にはドライバーの数が需要に対して約10万人程度不足すると予想されています。このまま人材が集まらなければ、「運ぶモノはあっても、運ぶ人がいない」という危機的状況に陥ることも否定できません。

　かつては年収1000万円超も期待できたトラックドライバーの仕事に人が集まらなくなったのは、職業としての魅力が薄れてしまったためです。現在、トラックドライバーが対象に含まれる「道路貨物運送業」の平均賃金は月額29万円強で、全産業平均を2万円ほど下回っています（厚労省調査）。積み降ろし作業といった肉体的負荷、安全運転を意識しながらハンドルを握るといった精神的負荷が大きいうえに、拘束時間が長いなど、きつい仕事でありながら労働の対価が低いことが、ドライバー離れを加速させています。

　高齢化も深刻さを増しています。現在、トラックドライバーの約7割が40代以上で、全体の15％を60代以上が占めています。若年層を囲い込むため、国は運転免許制度を改正しましたが、それ以上に重要なことは、労働の対価の原資となる運賃の引き上げなどを通じて、トラックドライバーという職業を「きつくても稼げる」仕事に戻すことでしょう。

倉庫業務の基本

倉庫や物流センターといった施設では、
保管や流通加工、荷役、包装・梱包といった
物流機能が提供されています。
この章では、施設内で具体的に
どのような業務が行われているかについて
図解や写真を用いて解説しているほか、
日々の業務を効率化するのに
役立つ機械・機器も紹介しています。

倉庫・物流センターを知ろう

「流通加工」「梱包」の場にもなる大型保管施設

　倉庫とは、モノを貯蔵したり、保管したりするための建物や施設です。倉庫には「自家倉庫」と「営業倉庫」があります。「自家倉庫」は自分たちのモノを保管するための施設で、「営業倉庫」は他人のものを保管することで収益を得ている会社が保有する施設と区分できます。例えば、メーカーが工場内などに構えた倉庫は「自家倉庫」、倉庫業を営む会社が提供する倉庫は「営業倉庫」となります。

　「営業倉庫」には「1〜3類倉庫」「野積倉庫」「水面倉庫」「貯蔵槽倉庫」「危険品倉庫」「冷蔵倉庫」「トランクルーム」があります（右表参照）。一般的に知られている建屋型をした倉庫は、「1〜3類倉庫」です。

　建屋型の倉庫には、「平屋建て」と「多層階建て」があります。「平屋建て」には、①建築コストが安い、②天井高を確保できる、③モノをスムーズに出し入れできる——などのメリットがありますが、土地代の高い日本では、諸外国に比べ多層階構造の倉庫が多いのが実情です（右ページ写真参照）。

　倉庫のメーンの機能は「保管」ですが、そのほかにも様々な物流機能を担っています。倉庫にモノが入ってから出ていくまでは、一般的に「入庫・検品」→「保管」→「ピッキング」→「流通加工」→「梱包・包装」→「仕分け・荷揃え」→「出庫」という流れになります。倉庫が「物流センター」と呼ばれることがあるのは、こうした機能を有しているためです。倉庫内で行われるそれぞれの業務内容については次節以降で説明していきます。

倉庫業務の基本 | Chapter 4

営業倉庫の種類

1～3類倉庫

一般的に見られる建屋型の倉庫。冷蔵倉庫、危険品倉庫で保管する物品以外で、建屋で保管できる形状の物品を保管する。施設・設備基準により、1～3類に分かれている。

○ **1類倉庫**
施設・設備の基準を満たし、保管物品の制限はない。

○ **2類倉庫**
耐火（防火）性能が不要で、保管物品はでん粉、塩、肥料、セメントなど。

○ **3類倉庫**
耐火（防火）性能、防湿性能などが不要で、湿気・気温の変化により変質し難いガラス類、陶磁器、鉄材などを保管する。

野積倉庫（4類倉庫）

一定の土地を柵や塀で囲った野積場で、雨風に強い鉱物や材木、古タイヤなどを保管する。

水面倉庫（5類倉庫）

原木を水面で保管する。

貯蔵槽倉庫（6類倉庫）

粉状や液状の物品をバラ（袋などに入らない）の状態で保管する倉庫。小麦や豆類の穀物サイロ、液体貨物のタンクなどがある。

危険品倉庫（7類倉庫）

消防法、高圧ガス保安法、液化石油ガスの確保および取引の適正化に関する法律、石油コンビナート等災害防止法で指定された危険物を保管する。

冷蔵倉庫（8類倉庫）

食肉、水産物、冷凍食品など10℃以下で保管することが適した貨物を保管する。温度によって7段階の級別（C1～C3、F1～F4）がある。

トランクルーム

家財や美術骨董品、ピアノなど個人の貨物を保管する。

出典：日本倉庫協会 ホームページ

土地代の高い日本には多層階倉庫が多い

土地代の高い日本には多層階倉庫が多い

写真出典：グッドマンジャパン ホームページ（左）、ESR ホームページ（右）

入庫・検品を知ろう：モノの数と状態をチェックする

「全数」「抜き取り」「ノー検品」を使い分ける

　倉庫（物流センター）でモノを受け取る際、注文通りに届いているかを確認する作業は「検品」と呼ばれます。チェックする内容は、①モノに傷や汚れはないか、②種類や数量は合っているか——などです。

　「検品」には、届いたモノをすべてチェックする「全数検品」と、一部だけをチェックする「抜き取り検品」があります。モノを送ってくる相手との間で信頼関係や取引実績があったり、量が膨大だったりする場合には、作業の手間を省く意味合いから、抜き取り検品で済ませるケースも少なくありません。また、過去に納品ミスがほとんどない相手からのモノについては、「ノー検品」（検品をしない）で処理することもあります。

　発注書や納品書などを手にしながら、作業スタッフが目でモノを確認する方法を「目視検品」と言います。これに対して、ハンディターミナルなどの情報端末を使って、モノそのものやモノが入った段ボール箱に貼付されているバーコードを読み取って確認する方法が「デジタル検品（バーコード検品）」です。後者はスピーディーに作業を進められます。

　検品で問題のなかったモノは「良品」として入庫（受け入れ）可能と判断します。反対に問題点が見つかったモノは、送ってきた相手に「返品」し、再度良品の供給を依頼します。例えば、100個のモノのうち、良品が98個で、不良品が2個あった場合には、98個のみを荷受けしたことを相手先に伝えるとともに、自社の入庫数も98個のみ計上します。「検品」を終えたモノを倉庫内の決められた場所に置くことで「入庫」は完了します。

入荷検品とは

バーコード検品

端末を使ってスピーディーに検品する

検針

モノに金属片などがないかチェックする

目視検品

作業員が目でモノの状態を確認する

写真出典：SBS ホールディングス ホームページ ほか

保管を知ろう

空間を有効活用して効率を上げるには

　「入庫」されたモノは、倉庫内で「保管」されます。その際、倉庫内の限られた空間（容積）を有効に活用して、少しでも多くのモノを「保管」できるようにする必要があります。それを手助けしてくれるのが右ページに挙げた様々な保管機器です。

　倉庫内でのモノの「保管」場所は、あらかじめ「住所」（ゾーンや位置）や「部屋」（特定スペース）が決めてある場合（「固定ロケーション」と呼ばれる）と、「住所」や「部屋」を自由に選べる場合（「フリーロケーション」と呼ばれる）があります。「固定ロケーション」では、「このモノが入ってきた場合には必ずここに置く」というルールが決められているため、倉庫内で対象のモノを探しやすいという利点があります。その一方で、対象のモノが入ってこない場合には、その「部屋」が空室状態となってしまい、無駄な空間が生まれるというデメリットがあります。

　これに対して、「フリーロケーション」では、空いている「部屋」に次々とモノを入れていくため、空間を有効に活用できます。ただし、どこにモノがあるのか探しにくいという欠点があります。そのため、どの「部屋」にモノを入れたのかという所在情報をきちんと管理し、対象のモノを取りにいく際には、その情報を確認しながら、「部屋」に向かわなければなりません。

　保管する「部屋」は、重量のあるモノを下段に、軽いモノを上段に設定すべきだとされています。出し入れ作業中の落下によるモノの損傷やスタッフのケガなどの事故を防ぐためです。

保管効率を上げるさまざまな機器

固定ラック

棚は倉庫の床に固定する

フローラック

モノを置く台が斜めになっていて
補充は後ろから、ピッキングは前から行う

ネステナー

2〜3段積み重ねて保管効率を上げる

自動倉庫

モノの出し入れをパレット単位、
ケース単位で自動的に行う

写真出典：SBS ホールディングス ホームページ、ダイフク ホームページ（自動倉庫）

流通加工を知ろう：値札貼り、カット野菜づくり etc.

4-4 専用の機器や作業スペースも必要

　「流通加工」には様々な作業があります。その代表的な作業の１つである「値札貼り」とは、アパレル製品や雑貨など小売店舗で販売されるモノに、作業スタッフが品番やバーコード、値段などが記載されたタグやシールを１つずつ貼付けていく作業を指します。実際の作業では、「タギングガン」や「ハンドラベラー」といったハンディータイプの機械を使うことで、作業の生産性を高めています。

　肉や魚や野菜を食べやすい大きさにカットしたり、販売する単位に小分けする作業も流通加工です。食品関係の流通加工を行う施設は「プロセスセンター（PC）」と呼ばれています。右ページ右下の写真は、宅配用の有機野菜を、２分の１や４分の１の大きさにカットして、袋詰めしている流通加工作業の様子です。

　容器に入った化粧品を小箱に入れる作業、さらに小箱に入れた化粧品などを１つひとつパッケージングする「シュリンク包装」も流通加工です。海外からの輸入品について、外国語表記の製品説明ラベルを日本語表記のラベルに貼りかえる作業も流通加工になります。

　倉庫内には流通加工を行う専用の作業スペースを用意する必要があります。食品をはじめデリケートなモノを扱うことも少なくないため、他の倉庫スペースよりも衛生管理の徹底が求められます。例えば、流通加工するモノがホコリに触れないよう床部分を防塵加工したり、モノの品質を劣化させないため温度・湿度をコントロールする空調設備を導入するなどの対応が必要になります。

倉庫業務の基本 | Chapter 4

「流通加工」のいろいろ

複数の化粧品を
1つのケースにセッティングする

アパレル製品に
タグを付ける

製造年月日を外箱に
インクジェットで印字する

カットした野菜を袋づめする

写真出典：富士ロジテックグループ ホームページ、
　　　　　SBSホールディングス ホームページ ほか

89

ピッキングを知ろう：必要なモノを必要な数だけ取り出す

4-5 効率よく、かつ間違いなく取り出す方法は？

　「ピッキング」とは、倉庫内の「保管」している場所などから、主に出荷のために、必要なモノを必要な数だけ取り出す作業を指します。「何をどれだけ」取り出すべきかは、「指示書（ピッキングリスト）」に記載されており、スタッフはそれを見ながら、作業を進めていきます。

　「ピッキング」には、大きく分けて「種まき式（トータルピッキング）」と「摘み取り式（シングルピッキング）」の２つの方法があります。このうち、「種まき式」は、複数の注文分をまとめて取り出した後、出荷先ごとに仕分けする（種をまく）というスタイルです。一方、「摘み取り式」は、出荷先ごとにモノを１つずつ順番に取り出していくというものです。

　また、「ピッキング」には、「バラ（ピース）ピッキング」「ケースピッキング」「パレットピッキング」などがあります。「バラ（ピース）」はモノ１個単位、「ケース」はモノ１ケース単位、「パレット」はモノ１パレット単位でのピッキングを意味します。工場→物流センター→小売店舗とモノが流れていく過程では、川上から川下に向かうにつれて、倉庫や物流センターで行われるピッキングされるモノの単位は、「パレット」→「ケース」→「バラ」といった具合に小さくなる傾向があります。

　「バラ（ピース）ピッキング」のように細かな作業が必要になる場合、「デジタルピッキングシステム」を導入している物流現場もあります。「デジタルピッキングシステム」とは、取り出すべきモノとその数量を、棚の表示器が作業スタッフに知らせてくれる装置で、ヒューマンエラー（取り出しミス）の発生を防ぐことが目的です。

2つのピッキング方式

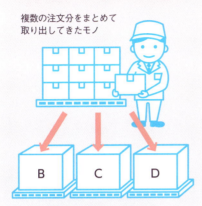

種まき式

一度まとめて取ったモノを
出荷先別に仕分ける

摘み取り式

出荷先ごとに
1つずつ取っていく

種まき式は、コンビニ・量販店向け物流センターにおいて店舗別に荷揃えをしていく場合に採用されることが多い。摘み取り式は供給先が一般消費者である書籍やDVD、雑貨などを扱う通販向け物流センターなどで展開されている。

デジタルピッキングシステム

棚の表示器がピッキングすべきアイテムと個数を知らせるため、
作業ミスを防げる

写真出典：ダイフク ホームページ

梱包・包装を知ろう

4-6 専門業者ならではの、モノに応じたワザあり技術

　倉庫・物流センターでは、出荷後の輸送や荷役で生じる衝撃等からモノを守るために様々な「梱包・包装」が施されます。例えば、段ボールの中に複数のモノを同梱する場合、モノ同士が干渉し合わないように気泡材（「エアパッキン」などと呼ばれる）やクラフト紙などの緩衝材を入れる作業も梱包・包装となります。

　梱包・包装のあるべき姿は対象となるモノによって大きく異なります。具体的な方法については、「日本包装技術協会」のような業界団体が主催しているセミナーなどを通じてそのノウハウを学ぶことができます。また、梱包・包装に関する専門の研究機関を持っている物流会社もありますので、特殊なモノを取り扱う場合などには、そのようなプロ集団に「モノの守り方」を相談するのもよいでしょう。

　右ページは「木枠梱包」と呼ばれる作業の様子です。段ボールや折り畳みコンテナといった汎用の容器には収まらない大型品や異形物を守るための梱包です。木枠の組み立て、緩衝材セットなどの工程を経て、1つの梱包を終えるまで1〜2時間程度を要することもあります。

　このように厳重な「梱包・包装」を行ったとしても、最終目的地に届くまでモノを守ることができるとは限りません。そこで、倉庫・物流センターを出て、モノが自分たちの手から離れた後も丁寧な荷扱いを促すために段ボールの外箱に「ケアマーク」を記載することがあります。ケアマークには、「取り扱い注意」「水濡れ注意」「横積み厳禁」「積み段数制限」「直射日光・熱遮蔽」など、様々なタイプがあります。

大型部品の木枠梱包の手順

部品のサイズに合わせて
木枠を作成する

梱包する部品を
緩衝材などに入れて組みつける

木材を組み立てて、最後に天板で封をする

写真出典：SBS ホールディングスホームページ

荷扱い上の注意点を知らせるケアマーク

保冷温度

取扱注意

積み段数制限

横積み禁止

熱遮蔽

手かぎ禁止

93

仕分けを知ろう：出荷するモノを届け先別に分ける

4-7 手仕分けか、それとも自動仕分けか

　「ピッキング」や「梱包・包装」を終えたモノを、届け先別、エリア別などに分ける作業は「仕分け」と呼ばれます。仕分けでミスが生じると、モノが目的地に届きませんので、非常に重要な作業の1つです。

　例えば、コンビニエンスストアの店舗にモノを供給する物流センターでは、ピッキングされたモノが店舗名の書かれたカゴ車に積み込まれていきますが、この作業が仕分けです。また、宅配便のターミナル拠点では、大型の機械がものすごいスピードで次から次へと段ボール箱を行き先のエリア別に振り分ける仕分けが行われています。

　仕分けには、手作業で行う「手仕分け」と、「ソーター」と呼ばれる機械を使った「自動仕分け」があります。手仕分けはモノが入った段ボール箱や折り畳みコンテナなどに貼付されたラベルに記載されている「届け先情報」や、仕分けリストなどを目視で確認しながら行います。

　これに対して、自動仕分けは機械がモノや箱に貼付されているバーコードなどを読み取り、自動的に仕分け作業を処理していきます。「ソーター」には、「スライドシューソーター」「クロスベルトソーター」「パンソーター」などがありますが、いずれも大掛かりな機械であるため、導入には高額な投資を必要とします。

　倉庫・物流センターで取り扱うモノの特性やボリューム、求められる作業生産性（処理スピード）、コストなどに応じて、手仕分けにするのか、自動仕分けにするのかを判断すべきでしょう。

倉庫業務の基本 | Chapter 4

機械を使った仕分け作業

アパレル製品を店舗別に仕分ける

コンベヤを使って日用雑貨を店舗別に仕分ける

宅配貨物を方面別に仕分ける

写真出典：SBS ホールディングス ホームページ、ダイフク ホームページ

パレットを知ろう：荷役の重要アイテム

モノを効率的に動かすことをサポート

　「パレット」とはモノを載せる荷役台で、モノを効率よく動かすための道具です。板状の「平(ひら)パレット」、シート状の「シートパレット」、箱状の「ボックスパレット」などがあり、一般的には脚部分にフォークリフトやハンドフォークの爪を差し込んで「パレット」を持ち上げることで、一度にたくさんのモノを動かせます。

　例えば、段ボール箱2000個がトラックにバラ積みされた状態で倉庫に届いたとしましょう。倉庫の作業スタッフがこれをトラックから取り出すのには膨大な時間を要します。これに対して、1枚のパレットに200個が載った状態で届けば、作業スタッフは10枚のパレットを取り出せば済むため、作業時間を大幅に短縮できます。

　パレットはその材質によって「木製」「樹脂製（プラスチック）」「金属製」などに分類できます。木製パレットは最も普及しているパレットで、価格が安く、修理が容易などの特徴があります。ただし、木材が原材料であるため、①環境負荷が大きい、②湿気に弱く黴(か)びやすかったり、害虫がつきやすいなど不衛生――といったデメリットもあります。

　一方、「プラスチックパレット」は、「木製パレット」に比べ、強度や耐荷重（モノを載せる重量の限度）があり、衛生面でも優れていますが、①破損時には修理が困難、②1枚当たりの価格が割高――などの欠点があります。鉄やアルミなどを使った「金属パレット」は、さらに強度や耐荷重の面で優位性がありますが、パレットそのものが重かったり、コストがより割高となります。

倉庫業務の基本 | Chapter 4

パレットの種類（材質）

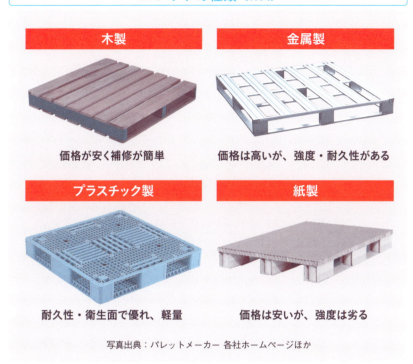

写真出典：パレットメーカー 各社ホームページほか

パレットの形状

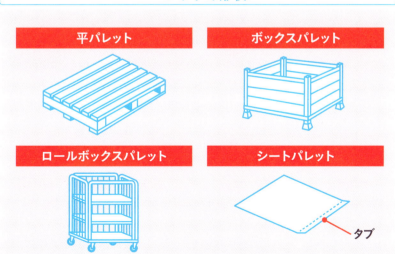

COLUMN

物流施設を供給する不動産開発会社

倉庫は「所有」から
「利用」の時代に

　倉庫や物流センターはもともと、施設を使う荷主や物流会社が自らの資産として所有することが一般的でした。しかし近年は、物流施設を所有せずに、不動産開発会社が供給する施設を賃借するかたちで利用するケースが増えつつあります。物流施設を所有から利用に切り替えるメリットとしては、設備投資負担の軽減や資産の圧縮などが挙げられます。

　物流施設を専門的に開発・供給している会社には、プロロジス、GLP（グローバル・ロジスティック・プロパティーズ）、ラサール不動産投資顧問、グッドマン、ESR、メープルツリーといった外資系のほかに、三井不動産、大和ハウス工業、野村不動産、オリックスなどがあります。各社とも豊富な資金力（資金調達力）を武器に、大都市圏の湾岸エリアや高速道路のインターチェンジ近くなど交通アクセスの利便性が高い場所に、物流施設を開発。そこにメーカー、卸、小売りや物流会社がテナントとして入居しています。

　開発される物流施設は、「大型」であることが特徴の1つです。1フロア当たりの床面積が5000〜1万坪に達する施設も存在します。

　例えば、モノを保管したり、荷役作業を行ううえで床面積がトータルで1万坪必要になると、1フロアの床面積が2500坪の施設だと4階層分（4階建て）を確保しなければなりません。この場合、モノを出し入れする際には上階から下階、下階から上階への搬送が不可欠となり、その分、作業効率が悪くなってしまいます。

　これに対して、1フロアで1万坪を確保できれば、上下の搬送がなくなり、荷役作業をスピーディーに処理できるようになるため、物流コストを低く抑えることが可能になります。こうした理由から、使い勝手の悪い既存の物流施設から退去し、専門会社が開発する大型の物流施設へ「引越す」動きは今後も加速していくことが予想されます。

5章

物流情報システムの基本

輸送業務や倉庫業務では、
作業の生産性向上や進捗管理のために、
様々な情報システムが利用されています。
キーワードは「見える化」です。
この章では、輸配送管理システム（TMS）や
倉庫管理システム（WMS）など、
近年導入が進んでいる物流系情報システムの機能や
特徴を整理しています。

物流を支える情報システムとは？

作業進行もモノの位置も「見える化」

　3章の「輸送業務」や4章の「倉庫業務」では、日々の作業の生産性を高めるために様々な情報システムが活用されています。このうち輸送業務向けの情報システムには、「TMS（Transportation Management System）＝輸配送管理システム」があり、配車管理、車両の位置管理、運賃計算といった業務をサポートしてくれます。また、モノが現在どこにあるのかを把握できる貨物追跡システムもあります。

　一方、倉庫業務向けの情報システムには、「WMS（Warehouse Management System）＝倉庫管理システム」があり、在庫管理、ロケーション管理、入荷・検品・ピッキング・出荷など庫内作業の進捗管理といった業務をカバーしています。

　このほかにも、取り扱うモノの種類、大きさ、重量、動く頻度といったデータを基に、倉庫内での最適な作業レイアウトを設計する情報システムがあります。また、シミュレーション系の情報システムではモノの供給先の分布データなどを基に、物流拠点を置くべきエリアなどを割り出してくれます。

　いずれの物流情報システムも、その導入の目的は、マンパワーかつ紙ベースでのやり取りが中心であったために時間と手間を要していた物流の管理業務を効率化・簡素化することです。従来、情報システムの開発・導入には多大な投資を必要としていましたが、近年は通信コストやコンピュータ機器などハードウエアが安くなってきたことから、物流情報システムを積極的に活用する企業の裾野も徐々に広がりつつあります。

物流情報システムの基本 | Chapter 5

物流情報システムがカバーする領域

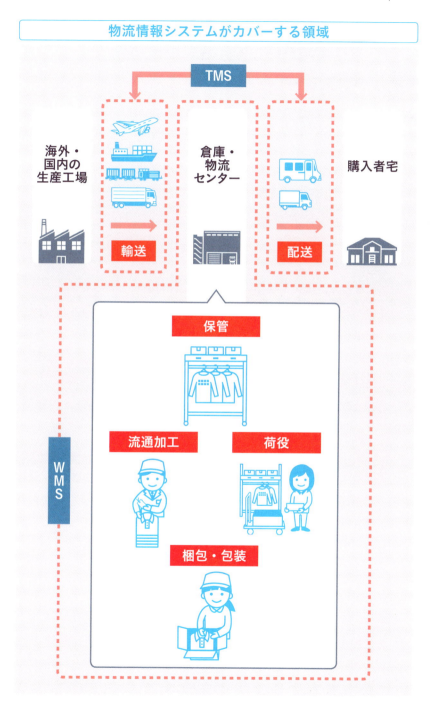

輸配送管理システム（TMS）を使う

5 -2 効率的に運ぶことをサポート

「輸配送管理システム（TMS）」は、「配車管理」「運賃計算」「動態管理」「伝票・日報等の自動作成」といった複数の機能で構成されています。ユーザーは、これらの機能が標準装備されているパッケージ型のシステムを使うか、必要な機能のみを選び、さらにそれを自社にとって使い勝手のいい仕様にカスタマイズして使う、というのが一般的です。

配車管理とは、モノを運ぶ場所や量、納品時間などに応じて、トラックの種類・台数やドライバーを割り振っていくものです。従来は「配車マン（配車係）」と呼ばれる担当者の過去の経験と勘によって、この業務が行われてきました。しかし、TMSでは、過去の輸配送実績や輸送条件（納品場所・時間、物量、交通情報など）のデータを基に、コンピュータが最適な配車プランを提示してくれるため、業務の簡素化・迅速化、配車ミスの削減などを実現できるようになります。

運賃計算は、実際に掛かった運賃の計算、輸送の依頼主に対する運賃請求、実運送を請け負った協力会社への支払い通知といった業務をサポートする機能です。従来は手計算でしたが、これがTMS導入で自動計算となり、さらに依頼主との間での運賃契約形態の変更情報なども管理しやすくなるため、運賃計算業務の正確性が高まります。

動態管理は、トラックの現在位置や作業状況（走行中、荷降ろし中など）を把握する機能です。伝票・日報等の自動作成は、1日の運行状況を記録する「デジタルタコグラフ」からのデータを基に運転日報を自動的に作成する機能で、ドライバーの事務処理負担を軽減できます。

物流情報システムの基本 | Chapter 5

輸配送管理システム

管理画面のイメージ

トラックの走行ルートや配車状況が一目でわかる

写真出典：SBS ホールディングス ホームページ

輸配送管理システムの主な機能

配車管理
過去の実績や輸送条件を基に最適なプラン（計画）を提示

動態管理
車両の現在位置や作業状況をリアルタイムに把握

日報作成
運行データなどを基に運転日報を自動作成

運賃計算
運賃請求や協力会社への支払い運賃を計算

貨物追跡システムを使う

モノの現在位置をリアルタイムで把握する

　「貨物追跡システム」では、輸配送中のモノがどこにどのような状態であるのかを把握します。海運、航空、鉄道、トラックといった輸送手段ごとに貨物追跡システムがあり、ユーザーは送り状番号などを入力すると、例えば鉄道輸送の場合には「集荷中」「列車輸送中」「着駅到着」「配達中」「配達完了」といったステータス情報を入手できます。

　身近なのは、宅配便の「貨物追跡システム」です。宅配便各社が自社のホームページ上に用意する「荷物お問い合わせシステム」などを通じて、誰でもモノがどこにあるのかを確認できる仕組みになっています。現在ではスマートフォンなどからも利用が可能です。

　他の輸送手段の「貨物追跡システム」は、継続的な取引のある企業のみを対象にした閉鎖型（クローズド）のシステムであるケースも少なくありません。利用が有料の場合もあります。システムの提供側は、取引先にIDやパスワードを割り振り、システムへのアクセスを可能にしています。

　かつてモノの所在を確認するためには、輸送会社の支店や営業所に電話等で問い合わせを入れる必要がありました。輸送会社では現場の担当者が現物を確認したり、ドライバーに状況を電話や無線で確認するなどアナログな対応を余儀なくされ、依頼主への報告にも時間が掛かってしまっていたのです。しかし、「貨物追跡システム」導入後は、このような問題が解消され、依頼主と問い合わせを受ける側の双方がストレスなくモノの所在をリアルタイムに把握できるようになっています。

Chapter 5 物流情報システムの基本

貨物追跡システムの仕組み：宅配便

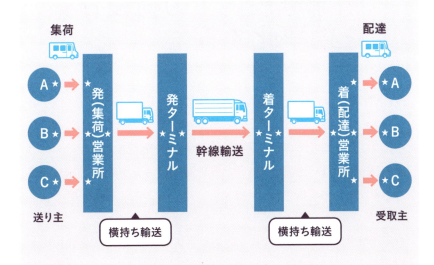

輸送会社が送り状のバーコードを
各ポイント★でスキャンすることで
現在位置を管理する

対象となる荷物が
いまどのポイントにあるかを
把握できる

ヤマト運輸「宅急便」の貨物追跡システム。
利用者は送り状番号を入力して荷物の配達状況を確認できる

倉庫管理システム（WMS）を使う

5-4 物流施設内での荷役作業を効率化する

　「倉庫管理システム（WMS）」は、倉庫や物流センターにモノが入荷されてから出荷されるまでの一連の流れを管理し、庫内での荷役作業の効率化を実現するための情報システムです。「在庫管理」「ロケーション管理」「入荷管理」「出荷管理」「検品管理」「ピッキング管理」「請求管理」など様々な機能で構成されています。

　倉庫や物流センターでは日々、たくさんのモノが入出荷されます。WMSは、その動きや数量、モノの置き場所などを可視化（見える化）し、作業を正確に効率よく処理する手順などを指示してくれます。

　倉庫や物流センターでは、経験や勘、過去からの慣習などをベースに作業が行われることもありますが、WMS導入で作業が標準化されると、経験の浅いスタッフでも生産性の高い業務を遂行できます。

　WMSには、いくつかの機能が標準装備されているパッケージ型システムと、ユーザーの業務特性などに合わせて独自機能を加えたカスタマイズ型システムがあります。このうちパッケージ型には初期導入や日々の運用コストを低く抑えられるというメリットがあります。

　近年では、「食品」「雑貨」「アパレル」といった具合に、業種業態ごとの倉庫業務の特徴をカバーしたパッケージ型WMSが開発・提供されています。また、クラウド方式でシステムの利用頻度などに応じて課金される仕組みも提供されるようになり、ユーザーのコスト負担が軽減したことから、WMSの普及に弾みがついています。

倉庫管理システムの仕組み

仕入先

| メーカー | 卸業者 | …… |

物流センター（DC：在庫型）

入 荷

入荷予定	EDI	入荷予定入力	返品入力
荷受・検品	HT 入荷検品	ロケーション指示	入荷ラベル
庫内移動	入庫検品	入庫入力	ロケーション確定
保管	HT 自動計上	確定入力	訂正入力
入荷実績			

作業進捗管理

出 荷

出荷指示	EDI	出荷指示入力	
出荷指示	帳簿在庫引当	先入先出	期限管理	欠品リスト
出庫指示	現品在庫引当	梱包計算	追跡No管理	納品書
庫内作業	HT 出庫検品	ピッキングリスト	詰合せ検品	荷札・送り状
仕分・積込	HT 出荷検品	積込リスト	出荷事前情報	出荷状況確認
出荷実績				

作業進捗管理

共 通

ログイン	認証・セキュリティ	言語切替
マスタ		
在庫問合	帳簿在庫問合せ	現品在庫問合せ
現品在庫		
在庫調整	在庫調整	ロケーション移動
帳簿在庫		
棚卸	受払棚卸	循環・期末棚卸

物流センター（TC：通過型）

入 出 荷

入出荷予定	EDI	入出荷指示入力
着荷	入荷予定リスト	着荷登録
搬送指示	搬送ラベル	仕分指示リスト
配分・検品	再配分	サンプル検品
仕分・積込	仕分検品	出荷登録
入出荷実績		

作業進捗管理

納品先

| 量販店（卸売店） | 直営店 | コンビニ | スーパー | 個人商店、個人宅 | …… |

WMSでは倉庫・物流センターにモノが入って出ていくまでの作業を一元的に管理できる

出典：日立物流ソフトウェア ホームページ

C OLUMN

物流情報システムの最新トレンド

「見える化」に続く 投資テーマとは・・・

　90年代後半以降、様々な物流情報システムが誕生しました。導入ブームを時系列で追いかけていくと、物流EDI（電子データ交換）→ERP（統合業務パッケージ）→SCP（サプライチェーンプランニング）→WMS（倉庫管理システム）→TMS（輸配送管理システム）という流れを経て、現在に至っています。かつて情報システムの開発・導入には多大な投資を必要としましたが、コンピュータやソフトウエア、通信コストの低下などによって投資負担が軽減されたことで、大手のみならず中小零細規模の企業にまで広く普及するようになりました。

　物流分野で次にブームとなりそうな情報システムとは何か。情報システムの専門家にそんな質問をぶつけてみると、返ってくるのは「もう出尽くしたのではないか」という声がほとんどです。確かに、ここ数年、業界内で話題となるような新しいキーワードを聞くことがありません。過去にブームとなった物流情報システムは、欧米で先行導入されていたものを"輸入"し、日本市場向けにカスタマイズされたものが少なくありません。その供給元であった欧米においても、これといった画期的なシステムは開発されていないようです。

　そんな中、注目を集めているのが、AI（人工知能）を活用した既存物流情報システムの進化・高度化です。例えば、WMSでは、ベテランスタッフによる生産性の高い作業の進め方（行動履歴）をデータとして蓄積し、それを基にした作業計画を立案することで、経験の浅いスタッフの作業生産性向上に役立てることが可能になると見られています。

　現時点ではまだ実証実験段階にとどまっていますが、いずれAI機能が加わった物流情報システムが実用化されれば、既存のユーザーは、競争力を高めるための追加投資を迫られるかもしれません。

6章

物流コストの基本

輸配送や保管、荷役、流通加工など、
それぞれの物流機能において発生する作業や
活動に掛かる費用は「物流コスト」と呼ばれます。
この章では、各機能のコストの
計算方法などについて整理しているほか、
業務を外注化する場合の受け皿となる
物流会社の役割についても触れています。

物流コストとは?

物流コストの5割以上は「輸送費」

　これまでの章でも触れてきたように、物流は「輸配送」「保管」「荷役」「流通加工」「梱包・包装」「情報管理」の6つの機能で構成されていますが、それぞれの機能において発生する作業や活動に掛かる費用は、総称して「物流コスト」と呼ばれています。日本ロジスティクスシステム協会では、「物流コスト」を、「輸送費」「保管費」「包装費」「荷役費」「物流管理費」に分類し、さらにコストが発生する領域ごとに「調達物流費」「生産（社内）物流費」「販売物流費」の3つに分けて、それぞれのコストの推移を調査しています。

　それによると、「輸送費」が物流コスト全体の56.6％を占めています。次いで「保管費」が16.3％。「荷役費」15.5％、「物流管理費」6.0％、「包装費」5.6％となっています。過去の推移をみても、その構成比は大きく変わっていません。一方、領域別では、「販売物流費」が73.1％、「生産（社内）物流費」が21.8％、「調達物流費」が5.1％という内訳になっています。

　「物流コスト」がどれだけ掛かっているのかを把握する指標の1つに「売上高物流費比率」があります。企業の売上高に占める物流費の割合を示したものです。日本企業の「売上高物流費比率」は4.63％（全業種平均）で、ここ数年はほぼ同水準で推移しています（日本ロジスティクスシステム協会、2015年度調査）。これに対して、米国企業の「売上高物流費比率」は9.34％（2014年）ですから、日本は米国よりも効率のいい物流が展開されていると言えるでしょう。

物流コストの基本 | Chapter 6

物流コストの内訳とは…

物流コストの構成割合は毎年ほぼ同じで、「輸送費」と「保管費」で全体の7割超を占めている

輸配送や荷役の頻度が多くなる「販売物流」のコスト比率が高い

出典：日本ロジスティクスシステム協会

売上高物流コスト比率の推移（日米比較）

作業生産性への意識の高さが日本の「売上高物流費比率」の水準を支えているといわれている

出典：日本ロジスティクスシステム協会

自社でやるか、物流会社に委託するか

物流アウトソーシングが増加傾向

　物流で発生する作業などの実務を、モノの所有者が自ら担うことを「自家物流」と呼びます。例えば、「輸配送」であれば、自社でトラックを購入し、自社でドライバーを採用してモノを目的地まで運ぶ行為、「保管」であれば、自社で倉庫や物流センターなどの施設を用意してモノを管理する行為が自家物流となります。

　これに対して、実務を物流会社など他社に委ねることを「物流アウトソーシング」と言います。輸配送の場合は、トラック運送会社、鉄道会社、海運会社、航空会社などが、保管や荷役では倉庫会社などがその受け皿として機能しています。こうした物流会社は実務を請け負う代わりに、それに見合う対価を受け取っています。

　すべての物流業務を自家物流で処理するか、物流アウトソーシングで処理するかの判断は、企業の経営戦略などによって異なります。また、輸配送は他社に委託するが、保管や荷役は自分たちで担う、といった具合に、物流の機能によって自家物流と物流アウトソーシングを使い分けているケースも見受けられます。その判断基準の1つは「コスト」です。一般的には、自家物流と物流アウトソーシングを比較し、費用を低く抑えられるほうが選択されます。

　自家物流の費用は「自家物流費」、「物流アウトソーシング」の費用は「支払い物流費」と呼びます。2015年度の物流コストの「支払形態別構成比」は、専業者への支払い物流費が全体の7割超を占めており、20年前に比べ、約20ポイント上昇しています（右ページ下図参照）。

物流コストの基本 | Chapter 6

誰が実作業を担うのか

自家物流
- 保管
- 荷役
- 流通加工
- 梱包・包装

自社で施設を用意し、庫内の作業も管理する

自社で車両・ドライバーを用意してモノを届ける

倉庫・物流センター → 配送 → オフィス・自宅

物流アウトソーシング
- 保管
- 荷役
- 流通加工
- 梱包・包装

施設を借りる、庫内作業を物流会社に委託する

トラック運送会社に配送を委託する

物流専業者にアウトソーシングする比率が高まっている

調査年度	自家物流費	支払物流費(対物流子会社)	支払物流費(対専業者支払分他)
'96	22.6%	23.1%	54.3%
'00	25.6%	22.6%	51.8%
'05	18.6%	19.3%	62.2%
'10	16.0%	16.5%	67.5%
'15	15.3%	13.3%	71.4%

出典：日本ロジスティクスシステム協会

輸送コストを知ろう（1）トラック運賃の仕組み

6-3 「貸し切り」「積み合わせ」を使い分ける

　モノを自らで輸送する場合、運ぶための車両の購入・維持費や運転手の人件費、燃料代などのコストはすべて自社負担となります。これに対して、輸送会社に委託する場合、依頼主はその対価として「運賃」を支払います。運賃には、トラック、鉄道、船舶、航空といった輸送手段ごとに、単位当たり（重量、容積、距離、時間など）の賃率を定めた「タリフ（標準運賃表）」があります。輸送会社は、このタリフをベースに実際の運賃を決定・提示しています。

　まずはトラック運賃の仕組みから見ていきましょう。トラック輸送には、「貸し切り便（チャーター便）」と「路線便（特別積み合わせ便）」の「運賃」があります。貸し切り便はトラック1台を確保し、専属的に輸送するもので、その運賃はモノを積める量（トラックの最大積載重量）や運ぶ距離、拘束する時間などを基に算出されます。運賃は「10トントラック1台貸し切り、東京→大阪までいくら」や「8トントラック1台を8時間貸し切りでいくら」などと表現されます。

　一方、路線便はトラック1台分に満たない量のモノを複数集めて輸送（混載）するサービスであるため、モノの重量と運ぶ距離をベースにした運賃が設定されています。重量は、実際の重さと容積を換算した重量（1立方メートル＝280キログラム換算）のうち、重いほうで計算される仕組みです。運賃は「500キログラム、東京→大阪までいくら」となります。また、路線便には「個建て運賃」もあります。「宅配便」のようにモノのサイズ（重量と三辺合計の制限範囲内）と運ぶ距離に応じて、例えば「東京→大阪まで1個いくら」と設定されるものです。

物流コストの基本 | Chapter 6

トラック運賃の体系

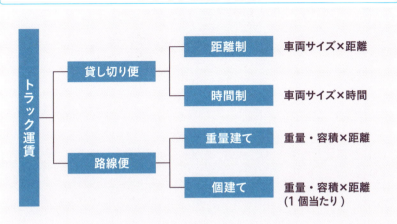

1999年公示の運賃タリフで損得を計算してみると

輸送コストを知ろう（2）鉄道、船舶、航空運賃の仕組み

タリフ（標準運賃表）の基本は「距離×重さ」

　鉄道輸送の運賃は、オンレール部分とオフレール部分の運賃を合算したものです。オンレール部分とは「鉄道運賃」のことを指し、運ぶ距離に応じた運賃となります。一方、オフレール部分は、「発送料」「到着料」「付帯料金」などです。例えば、東京の○○工場から大阪の××倉庫まで5トンコンテナを運ぶ場合には、○○工場から東京の貨物駅までのトラックによる集荷に掛かる「発送料」、東京の貨物駅から大阪の貨物駅までの「鉄道運賃」、大阪の貨物駅から××倉庫までのトラックによる配達に掛かる「到着料」などを合算したものがトータル運賃となります。

　船舶輸送（海運）は、「定期船サービス」と「不定期船サービス」の運賃に分かれます。定期船サービスでは、各船会社が航路ごとに「基本運賃」と「割増運賃」で構成されるタリフを設定しています。基本運賃には、運ぶモノの種類や特性などに応じて料率が決まっている「品目別運賃」や、コンテナ単位での料率である「品目無差別運賃」があり、これらに為替変動や燃油変動などのコスト要因を反映させた「割増運賃」を加算して、トータルの運賃が決まる仕組みです。不定期船サービスでは、輸送の依頼主（荷主）と船会社との個別交渉で運賃が決まります。

　航空輸送の運賃は、運ぶ距離ごとに設定されている「1キログラム当たり運賃」×「適用重量」などで算出されます。適用重量は、トラック輸送の「路線便」と同様に、「実際の重さ」と「容積を換算した重量」のうち、重いほうで計算される仕組みです。航空輸送の場合は、6000立方センチメートルを1キログラムで換算するルールになっています。

物流コストの基本 | Chapter 6

鉄道輸送の運賃の仕組み

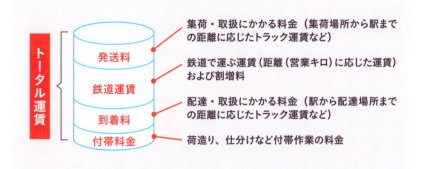

- 発送料: 集荷・取扱にかかる料金（集荷場所から駅までの距離に応じたトラック運賃など）
- 鉄道運賃: 鉄道で運ぶ運賃（距離（営業キロ）に応じた運賃）および割増料
- 到着料: 配達・取扱にかかる料金（駅から配達場所までの距離に応じたトラック運賃など）
- 付帯料金: 荷造り、仕分けなど付帯作業の料金

船舶輸送の運賃の仕組み（定期船サービスの場合）

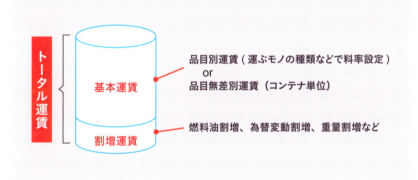

- 基本運賃: 品目別運賃（運ぶモノの種類などで料率設定）or 品目無差別運賃（コンテナ単位）
- 割増運賃: 燃料油割増、為替変動割増、重量割増など

航空輸送の運賃の仕組み

- ① 一般貨物賃率 …… 重量が上がるにつれて1kg当たりの賃率が安くなる「重量逓減制」で、重量は実重量か容積重量の大きいほうが適用される
- ② 品目分類賃率 …… 特別な品目（動物、危険物、貴重品など）に適用される割増運賃
- ③ 特定品目賃率 …… 生鮮魚介類・野菜・花卉・新聞など特定の品目に適用される割引運賃

輸送コストを知ろう（3）輸送手段の選び方

6-5 トラックか鉄道か？ 船舶か飛行機か？

　モノを目的の場所まで運ぶ場合、トラック、鉄道、船舶、航空のうち、どの輸送手段を選択すべきか。それは、①運ぶモノの種類、②運ぶ距離、③運ぶモノの量、④掛けられるコスト、⑤リードタイム（到着までの日数・時間）——といった諸条件によって変わってきます。

　右ページの表は、4つの輸送手段の特徴を整理したものです。それぞれのメリット・デメリットを考慮しながら、最適な輸送方法を選ぶことが、輸配送業務の担当者の仕事となります。

　例えば、海外にモノを運ぶには、島国である日本からは船舶か航空を利用するしかありません。この2つの輸送手段の大きな違いは、スピードとコストです。例えば、日本から米国（東海岸）までの船舶での輸送日数は30日前後ですが、航空を使えば1日で着きます。ただし、輸送に掛かるコスト（運賃）は、航空での輸送のほうが圧倒的に割高です。

　米国まで運ぶモノが、急いで届ける必要があり、なおかつコストを掛けてもいいのであれば、航空を選択すべきでしょう。逆に、あまり急いでおらず、コストが掛けられないのであれば、船舶での輸送を選ぶべきです。前者が高額な機械製品（早く届けないと工場が操業停止に陥る）、後者が日用雑貨（製品単価が安く**コスト負担力**が小さい）などを対象にしているとイメージしてみてください。

コスト負担力
輸送費は重量や容積で運賃が決まるため、例えば、飲料水など大きくて重いのに販売価格が安い製品は、輸送費の負担が大きくなってしまう。

物流コストの基本 | Chapter **6**

4つの輸送手段の比較

	距離	スピード	環境負荷	輸送量	コスト
トラック	近・中	速い	最大	最小	大
鉄道	中・長	速い	最小	大	小
船舶	長	最も遅い	小	最大	最小
航空	長	最も速い	大	小	最大

119

自家輸配送のコストを知ろう

6-6 自分で運べばコストは下がる？ 上がる？

　「輸配送」業務のうち、トラック輸送を「自家物流」で対応している企業は少なくありません。国土交通省によれば、トラック貨物輸送量の約3割は、白ナンバーの自家用トラックが担っています（輸送トンベース）。

　具体的には、工場から自社の倉庫・物流センターまでの輸送や、物流センターから取引先店舗へのルート配送などの業務で自家用トラックが活躍しています。パンを店舗に届ける、飲料や酒類を配達する、病院に医薬品を届けるなど、街中を走るトラックをよく見てみると、営業用の緑ナンバーではなく、白ナンバーをつけていることがあります。

　自家用トラックの活用には、①自社専属なので安定的に輸送力を確保できる、②取引先との関係が密になる（モノを届ける際に次の注文や要望などを直接ヒアリングできる）、③客先での代金回収などモノを運ぶこと以外の業務にも対応できる——といったメリットがあります。

　その一方で、トラックの維持コスト（人件費、車両費、燃料費、タイヤ費、修繕費、保険費など）を自社負担する必要があるため、トラック運送会社に業務をアウトソーシングするよりも、トータルの輸送コストが高くつく可能性もあります。また、白ナンバーのトラックでモノを運ぶ場合、有償で他社のモノを一緒に運ぶことはできません。貨物自動車運送事業法や道路運送法の違反行為となるからです。

　自社で運ぶか、それともアウトソーシングするかは、各社の経営判断で決まります。

物流コストの基本 | Chapter 6

トラック輸送トン数の分担率

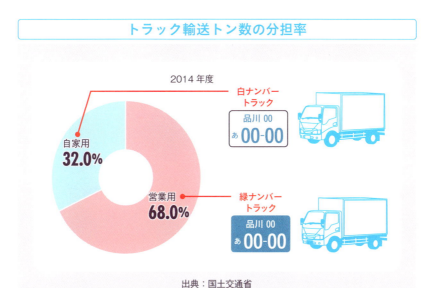

出典：国土交通省

トラック輸送の形態

写真：著者撮影

121

保管コストを知ろう

増減する在庫量に合わせた保管料の計算

　「保管」業務は、大きく①モノを置く場所を自社で用意し、実務も自社で担当する、②置く場所は他社に借りて、実務は自社で行う、③置く場所、実務ともに他社に委ねる——の3パターンに分かれます。

　このうち②の場合には、倉庫や物流センターなど保管のためのスペースを提供する倉庫会社などと「賃貸借契約」を交わし、借りるスペースに応じた利用料を支払う必要があります。例えば、「1坪当たり月額3000円の倉庫スペースを1500坪借りる」といった内容になります。

　③のケースでは、倉庫会社などと「寄託契約」を結びますが、その際には「坪建て保管料」（スペース1坪当たりいくら）、「個建て保管料」（1ケース当たり）、「容積建て保管料」（1立方メートル当たり）、「パレット建て保管料」（パレット1枚当たり）など様々な保管料プランが提示されます。保管業務を外注する側は、預けるモノの特性や量に合わせて最適な**プランを選ぶ**ことで、「保管コスト」を低く抑えるようにします。

　寄託契約の保管料には、「3期制」というルールがあります。これは、1カ月を1日〜10日、11日〜20日、21日〜末日の3期に分けて、保管料を算出するというものです。保管が行われる倉庫や物流センターでは、頻繁にモノが出し入れされます。そこで、各期中のモノの増減を計算したうえでその月の保管料総額を決めています。

> **保管料のプランを選ぶ**
> 例えば、天井高のある施設は段積みできるモノの量が多いため、「個建て」や「パレット建て」よりも「坪建て」のほうが借り手にコストメリットが生じる、といったことがある。

物流コストの基本 | Chapter 6

保管料の計算例（個建ての場合）

保管料 =（前期末保管在庫数 + 当期入庫総数）× 保管料単価

段ボール1ケースの保管料は1期当たり30円で設定

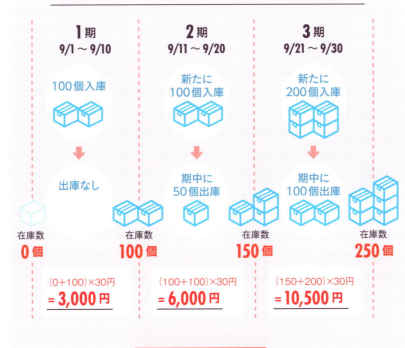

9月度の保管料（合計）

3,000 + 6,000 + 10,500 = 19,500 円

3期制をとらない場合

（ 0 + 400 ）×（ 30 × 3 ）= 36,000 円

8月末在庫数 + 9月度入庫数　合計　1カ月当たり保管料単価（1期分×3）

荷役・流通加工コストを知ろう

「ちょっと動かす」にも費用は発生する

　倉庫や物流センター内でモノを動かす際に発生する費用を「荷役コスト」と言います。荷役コストは、倉庫や物流センターに到着したモノを保管スペースまで搬送する作業に掛かる「入庫料」や、保管スペースからモノを取り出し出荷スペースまで搬送する作業に掛かる「出庫料」、モノを種類別や出荷先別などに仕分ける作業に掛かる「仕分料」などで構成されます。

　入庫料や出庫料は、1ケース当たりの「個建て」で計算したり、1立方メートル当たりの「容積単位」で計算することが一般的です。「個建て」の場合は、「入庫料は1個当たりいくら」となり、「容積単位」の場合は、「出庫料は1立方メートル当たりいくら」という単価が設定されます。単価は、荷扱いのしやすさ、重量、1回当たりの取扱量（ボリューム）など、モノの特性や各種条件によって異なります。

　値札貼りやセッティングなどの作業に掛かる「流通加工コスト」は通常、「1処理当たりいくら」で単価が設定されます。単価は作業スタッフが時間当たりにどれだけの件数を処理できるかがベースとなっています。作業が複雑な工程になるほど、その分だけ流通加工コストの単価は高くなる傾向にあります。

　「流通加工」はもともと生産部門や販売部門が担当していた業務を、自社の物流部門や他社が肩代わりするものです。そのため、この作業をアウトソーシングする場合には、内製化していた時のコストよりも安くならなければ意味がありません。

物流コストの基本 | Chapter 6

荷役・流通加工のコスト

入庫料とは

倉庫や物流センターに到着したモノを保管場所まで搬送する作業にかかる費用

入庫
出庫

出庫料とは

保管スペースからモノを取り出し、出荷スペースまで搬送する作業にかかる費用

流通加工料とは

流通加工の作業にかかる費用

アパレル製品への値札貼り

例えば
1枚当たり
20円

贈答品のセット作業

例えば
1セット
50円

梱包・包装・資材コストを知ろう

作業費＋資材コストを低く抑えるには

　「輸配送」や「荷役」の際に発生する衝撃などからモノを守るための「梱包・包装」に掛かる費用が「梱包・包装コスト」です。梱包・包装の作業には、段ボールなどへの箱詰め、キャラメル包装、大型製品の木枠梱包などがありますが、それらの作業単価は処理にどれだけの時間を要するかをベースに「1個（件）いくら」で設定されることが一般的です。

　作業そのものの費用に加え、梱包・包装に使用した資材の費用も必要になります。段ボールの場合は「1個いくら」となりますが、その単価は段ボールの材質や厚み、強度などによって異なります。繰り返し利用できる折り畳みコンテナなどの容器は「1回の使用でいくら」、包装紙や緩衝材などは1梱包当たりに使用する量で単価が決まります。

　梱包・包装業務のアウトソーシングには、①作業のみを委託して、資材は自前で調達して提供する、②作業と資材調達の双方を委託する――ケースがあり、このうち資材をより安く調達できるほうが選択されます。例えば、事業を立ち上げたばかりで、出荷量がまだ少ない場合などには、ボリュームディスカウントで資材を安く仕入れることができている作業の委託先から購入したほうが、コストを低く抑えられます。

　資材は消耗品のため、できるだけ費用を掛けたくないと考えるはずです。しかし、コストを意識しすぎるあまりに、資材の品質や機能を落としすぎると、梱包・包装の目的である「モノを守る」ことがおろそかになってしまう恐れもあるので注意が必要です。

段ボールの規格と主な用途

Aフルート (5mm厚)

一般的な段ボールの厚さ。引越・運搬などに使用。日本で主流の規格。

Bフルート (3mm厚)

軽量物や小型の宅配箱などに使用。

Cフルート (4mm厚)

Aフルートが日本で主流であるのに対し、世界中で広く使用されている規格。

Eフルート (1.5mm厚)

パッケージやギフトボックスに使用。

Wフルート (8mm厚)

AフルートとBフルートを貼り合わせて強度をアップしたもの。重量物や海外輸送に使用。

一般的に段ボールは厚みのあるタイプのほうが単価が高い

センターフィーを知ろう：納品業務を簡略化する「手数料」

「モノの価格×料率」はメリットに見合うか

　チェーン小売業が店舗にモノを供給するために自社主導で管理・運営する物流センターは「一括物流センター」と呼ばれます。チェーン小売業は、メーカーや卸から一括物流センターに納品されたモノを店舗別に仕分けし、自社が管理するトラックを使って各店舗に配送します。

　本来、メーカーや卸は小売業の各店舗にモノを納める必要があります。しかし、一括物流センターを利用すれば、まとめて一度に納品できます。チェーン小売業は、納品業務を簡略化できることを理由に、メーカーや卸に一括物流センターの利用料を請求します。その利用料が「センターフィー」です。センターフィーは、「センターを通過するモノの代金×設定料率」で計算されることが一般的です。

　一括物流センターの仕組みには、①物流施設や配送の共同化でコスト削減につながる、②店舗側の荷受け業務の負担が小さくなる——などのメリットがあります。その一方で、①取扱量（納品量）の大きいメーカーや卸にとっては自社の既存の物流の仕組みを活用したほうが効率的である、②センターフィーの料率設定が不透明であるうえに、料率によってはコスト負担増となる——といったデメリットもあります。

　センターフィーは、買う力（バイイングパワー）を背景にしたチェーン小売業のエゴという指摘もあります。モノの容積や重量など、本来は物流コストの算出根拠となる要素が加味されず、「このアイテム群の料率は何パーセント」といった具合に、一律にフィーが設定されていることに不満や不信感を抱いているメーカーや卸は少なくありません。

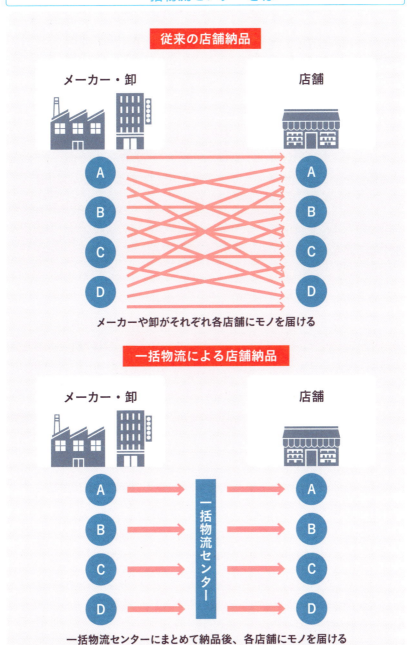

情報管理コストを知ろう：初期費用とランニングコスト

6-11 ローコストの「クラウド型」で中小企業も導入可能

　「倉庫管理システム（WMS）」や「輸配送管理システム（TMS）」などの物流情報システムを利用するには、初期の開発・導入費用であるイニシャルコスト（ハードウエア費、ソフトウエア費など）や、日々の運用に必要なランニングコスト（保守費、通信費など）が掛かります。その額は、システムの機能やユーザー数などによって異なりますが、運用の規模が大きくなるほど高額となり、初期投資額が数百万円〜数億円に達することもあります。

　システムの販売価格を見ていくと、「倉庫管理システム」「輸配送管理システム」ともに標準タイプのパッケージソフトの初期導入に掛かる費用は100万円台に設定されているケースが多く、それに他の機能を加えたり、カバーする領域を拡げたりすると価格が上がるというプランになっています。情報システムへの投資を低く抑えるためには、自社の業務にとって欠かせない機能と不要な機能を整理するなど、きちんと要件定義しておく必要があります。

　近年は、データやソフトウエアをネットワーク経由で提供する「クラウド型サービス」が登場したことで、物流情報システムも安価に利用できるようになりました。システム会社が提供する標準装備のソフトであれば、1ユーザー当たり月額数千円程度のランニングコスト負担で利用も可能です。従来、物流情報システムを導入・運用できるのは資金力のある大企業が中心でしたが、「クラウド型サービス」によってその普及が中小零細規模の企業にまで広がりつつあります。

物流情報システムのクラウド活用

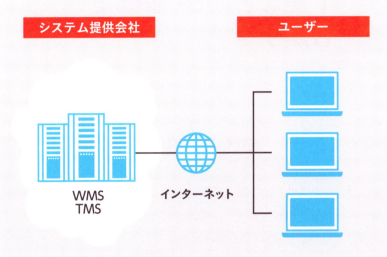

メリット

＊社内にサーバー等がいらない
＊短期間でシステム導入が可能
＊ソフトウエアの開発・購入が不要
＊従量料金で利用できる
＊必要な機能だけを使える

コストダウン

物流 ABC を知ろう

作業ごとの単価を正確に把握する

　どの作業にどれだけのコストが掛かっているのか。それを正確に把握するのに役立つのが「物流 ABC」という手法です。ABC は Activity-Based Costing の略で、活動基準原価計算と訳します。

　物流 ABC では以下の手順で計算を進めていきます。まず、人件費や作業スペース費、機械設備費といったトータルの「発生費用」を、それぞれの「使用数量」（時間数や使用坪数など）で割って、「単位当たりコスト」を求めます。続いて、アクティビティ（活動）ごとの原価（「アクティビティ原価」と呼ぶ）を求めますが、これは「単位当たりコスト」に、「アクティビティ別使用数量」（時間数や坪数）を乗じて算出します。最後に、この「アクティビティ別原価」を、作業をどれだけ処理したかという量（「アクティビティ別処理数量」）で割って、1 個の作業を処理するのにいくら掛かったのを示す「アクティビティ別単価」を求めます。

　物流の作業ごとにアクティビティ単価を抑えておくことはとても重要です。例えば、物流アウトソーシングの受け皿として作業を請け負う場合、その単価が業務の発注先に提示（見積もり）する作業料金の目安（基準）となるからです。仮に値札貼りの単価が 40 円であれば、さらにそれに利益を乗せた金額を提示するのが一般的です。目安がないと、採算割れの料金で受託することにもなりかねません。

　逆に、委託する側も、作業ごとの単価の目安をある程度把握しておかなければ、必要以上のコスト負担を強いられることになり、アウトソーシングする意味合いがなくなってしまいます。

物流コストの基本 | Chapter **6**

物流 ABC の算定手順

投入要素別単位当たりコストの算出

1. 発生費用
人件費、スペース費、機械設備費、資材消耗品費など

÷

2. 使用数量
人件費、機械設備費
→時間数
スペース費→使用坪数

＝

3. 単位当たりコスト
人件費、機械設備費：円 /H
スペース費：円 / 坪

アクティビティ原価の算出

3. 単位当たりコスト
人件費、機械設備費：円 /H
スペース費：円 / 坪

×

4. アクティビティ別使用数量
時間、坪数

＝

5. アクティビティ別原価
人件費、スペース費、機械設備費、資材消耗品費

アクティビティ単価の算出

5. アクティビティ別原価
人件費、スペース費、機械設備費、資材消耗品費

÷

6. アクティビティ別処理数量
ピース数量、ケース数量、移動回数

＝

7. アクティビティ別単価
ピース：円 / 個、ケース：円 / 個
移動回数：円 / 回

計算例

A 物流センターの月間総作業時間 ＝ **40,000** 分 ◁ 2. 使用数量

うち値札貼り作業に要した時間 ＝ **4,000** 分 ◁ 4. アクティビティ別使用数量

A 物流センターの月間総人件費 ＝ **40,000,000** 円 ◁ 1. 発生費用

値札貼り作業の月間処理量 ＝ **100,000** 点 ◁ 6. アクティビティ別処理数量

投入要素別単位当たりコスト
40,000,000 円 ÷ **40,000** 分 ＝ **1,000** 円／分

アクティビティ原価
1,000 円／分 × **4,000** 分 ＝ **4,000,000** 円

アクティビティ単価
4,000,000 円 ÷ **100,000** 点 ＝ **40** 円／点

出典：国土交通省　3PL 人材育成促進事業推進協議会「3PL 人材育成研修」

COLUMN

KPI は物流管理の通信簿

業務目標の達成度を測定する

　企業において部門や個人の業績を定量的に評価するための指標はKPI（Key Performance Indicator＝主要業績評価指標）と呼ばれます。このKPIの考え方を、物流管理がうまくいっているかどうかを確認するための指標として応用しているのが「物流KPI」です。近年、物流KPIは、物流管理を委託する側が、委託先である物流会社のパフォーマンスを測定したり、物流会社が自社の管理能力（レベル）を把握することなどに活用されています。

　国土交通省は2015年に物流KPIのガイドラインを発表しました。ガイドラインでは、具体的な指標として、「コスト・生産性」の項目では「保管効率」「人時生産性」「積載率」などを、「品質・サービスレベル」では「誤出荷率」「遅延・時間指定違反率」「クレーム発生率」などを、「物流条件・配送条件」では「配送頻度」「納品付帯作業時間」などを基に、物流管理の実力を評価すべきだと提言しています。

　物流KPIを導入する企業は年々増えています。①物流管理の現状を定量的データで把握できるため、問題点や課題を見つけやすく、その後の迅速な改善につなげられる、②定量的データに基づいて公正に評価できる――といったメリットがあるからです。従来は、「何となくコストが高い」や「何となく作業ミスが多い」といった具合に、担当者の定性的な"感覚"のみで物流管理の実力が評価されているケースも少なくありませんでした。

　物流管理を委託する側と受託する側にとって、物流KPIは共通の言語のようなものです。その共通言語を基に、公平な立場で互いに協力し合って、物流管理における問題点の洗い出しや解決を進めていけば、コスト削減など大きな成果を上げることができます。

7章

ロジスティクス業務の基本

「物流」と「ロジスティクス」の違いは何か。
調達、生産、販売領域でロジスティクス部門が
果たすべき役目はどのようなものか。
この章では、企業経営におけるロジスティクス管理の
重要性について説明しているほか、
サプライチェーンマネジメント（SCM）の
考え方などを紹介しています。

「ロジスティクス」という言葉を知ろう

軍事用語 logistics の日本語訳は「兵站」

　「ロジスティクス（logistics）」はもともと軍事用語で、日本語では「兵站」と訳します。「兵站」とは、「最前線の部隊や兵士に武器や弾薬、食料などの物資を供給し続ける後方支援活動」のことを指し、これがビジネスの世界においては「モノを目的地に供給していく過程で必要となる物流機能を全体的に管理すること」を意味するようになりました。

　「ロジスティクス」という言葉は、「物流」という言葉と同義的な意味合いで使われる傾向があります。しかし、この２つの言葉の意味は厳密にいうと異なります。ロジスティクスは物流と同様にモノを動かすことを中心とする活動ですが、「必要なモノを、必要なタイミングで、必要な場所に、必要な量だけ」「できるだけコストを掛けずに」「無駄なく動かす」という意味が加わっています。

　最前線の部隊に弾薬を供給する行為を例に、物流とロジスティクスの違いを説明します。最前線から「弾薬を１万ケースほしい」というオーダーが入ったとします。注文を受けた後方支援部隊は、指示通りに１万ケースの弾薬をまとめて送り込みます。これが物流です。１万ケースが最前線にとって本当に必要な量なのかは考慮しません。

　一方、ロジスティクスでは、一気に１万ケースの弾薬を届けるのではなく、例えば最前線の兵士が１日や１週間に使う分だけ供給します。仮に味方の兵士が相手に倒された場合でも、相手に未使用の弾薬を奪われないよう、戦いに必要な量だけを供給することで、無駄を防ぎます。戦略的かつ効率的にモノを動かすことが「ロジスティクス」なのです。

Chapter 7 ロジスティクス業務の基本

物流とロジスティクスの違い

ロジスティクス＝モノの流れの全体的な管理

 →モノの流れ→ →モノの流れ→

物流 ＝ モノを流すために行う輸配送、保管、荷役、流通加工、梱包・包装、情報管理などの活動

ロジスティクス導入前

工場は物流センターの在庫数に関係なく注文どおりに生産・納品

ロジスティクス導入後

工場は物流センターの"言いなり"ではなく、本当に必要な分だけを生産・納品

137

ロジスティクス部門の機能と責務

「物流部」とは異なる活動範囲と役割

7-2

　企業内に「物流部」を置く企業は少なくありません。規模の大きい企業では、調達、生産、販売それぞれの領域に「調達物流部」「生産物流部」「販売物流部」を用意しているケースも見受けられます。その一方で、「ロジスティクス部」という部署を設けている企業もあります。物流部とロジスティクス部を併存させている企業もあれば、物流部とロジスティクス部のどちらかを置いている企業もあります。

　本来、この2つの組織が求められる機能や役割は異なります。「物流部」は「輸配送」や「荷役」といった物流の実務を担当したり、外部に委託している物流業務を管理する役割を担う組織です。基本的には、各領域で発生する他部署からの物流に対する具体的なオーダー、例えば「これだけの量のモノをどこそこまで運んでほしい」や「これだけの量のモノを倉庫で保管してほしい」といった指示を受けて、その指示通りに業務を正確に遂行することが求められます。どちらかと言えば、受動的な組織という位置づけになります。

　これに対して、ロジスティクス部は、他の部署からのオーダーに対して、時には"ダメ出し"もします。「これだけの量のモノを運んでほしい」という依頼を受けても、「いや、すぐに運ぶよりも、明日の分とまとめて運んだほうがいい」と反論するのがロジスティクス部です。つまり、ロジスティクス部は、他部署から言われるままに行動を起こすのではなく、常に「効率的かどうか」という視点に立ったうえで実行に移す「物流のコントロール機能」が求められる組織となります。

ロジスティクス業務の基本 | Chapter 7

ロジスティクス部門の役割

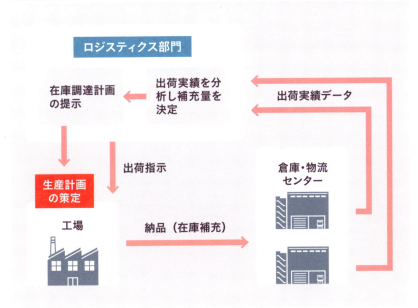

ロジスティクス部は物流をコントロールする役目

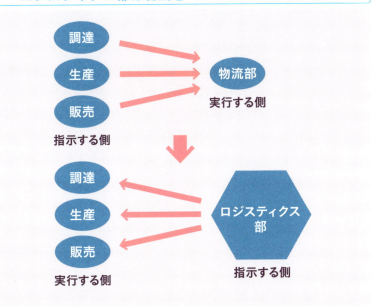

139

調達領域でのロジスティクス

発注から生産ライン投入までを最適化する

　2章の2-2でも触れたように、調達領域で発生する物流業務には、サプライヤーから届く原材料や資材、部材の「検品」、一時的な「保管」、生産部門への供給に伴う「搬送」などがあります。こうした作業を調達部門の指示通りに処理していくことが「物流」であるとしたら、従来は調達部門が行っていたサプライヤーへの発注業務も含め、調達領域で発生する物流業務全体を管理し、最適化していくのが「ロジスティクス」となります。

　調達部門は、生産に必要な原材料や資材、部材が足りなくなって生産ラインが停止してしまうことを恐れるため、サプライヤーに多めに発注する傾向があります。その結果、余計な調達品の在庫を抱えたり、調達品を溜めておく一時保管用スペースを広めに確保しなければならないなど無駄が生じる可能性があるのです。

　これに対して、「ロジスティクス」ではまず、従来は調達部門が持っていたサプライヤーへの発注権をロジスティクス部に委譲します。ロジスティクス部は、サプライヤーへの発注量や発注・納品のタイミングをコントロールして無駄な在庫を抱えないようにするとともに、保管スペースの削減など調達領域における物流業務の効率化を図ります。

　このように調達領域でのモノの管理を調達部門ではなく、ロジスティクス部門主導で行っていく体制に改めるわけですが、その代わりに、仮に欠品などが原因で生産ラインが停止してしまった場合の責任はロジスティクス部門が負うことになります。

Chapter **7** ロジスティクス業務の基本

調達領域でのロジスティクス

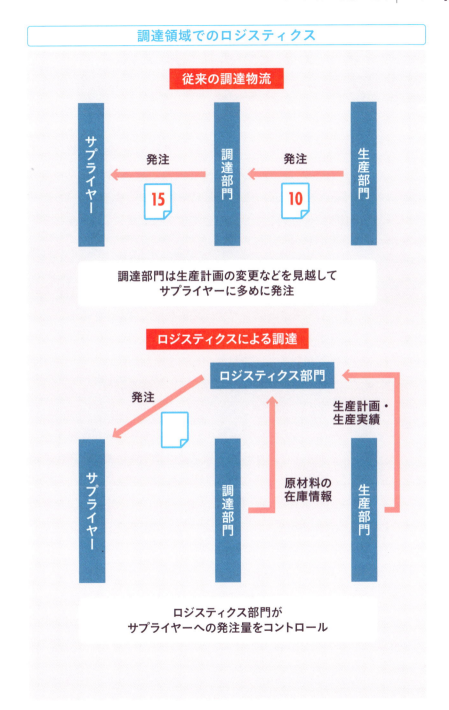

生産領域でのロジスティクス

つくりすぎないようにブレーキをかける

　従来、生産部門は、いかに製造原価を低く抑えるかに重点に置いて生産活動を行ってきました。設備の稼働を高めるため、あるモノをまとまった量で一度に生産します。しかし、大量に生産した結果、売れ残ったモノが、その後も販売の見通しが立たない不良在庫になってしまうことも少なくありませんでした。

　生産領域にロジスティクスの考え方を取り入れると、「市場が必要としているモノを、必要なタイミングで、必要な量だけ生産する」ことが求められます。不良在庫という無駄をなくすためです。「ロジスティクス部」は市場での売れ行きなどを見ながら、生産部門に対して、モノをつくりすぎないようブレーキをかける役目を担う必要があります。

　理想型は、生産量そのものの決定権をロジスティクス部に委譲することですが、ロジスティクス部からの販売実績情報や需給調整に関する提案などを参考にしながら、最終的には「生産部門」が生産量を決定するケースも少なくありません。いずれにせよ、"聞く耳を持った"生産部門でなければ、在庫や物流コストの削減で大きな成果は上がりません。

　ロジスティクス部が、生産するモノの形状や重量を見直すよう生産部門に働きかけることもあります。例えばトラックの荷台に隙間なくモノを積載して輸送効率を高めるため、モノを入れるパッケージのサイズを再設計するよう生産部門に提案するというものです。「design for logistics」（ロジスティクスのための製品デザイン）という取り組みで、日用雑貨メーカーなど一部の先進的な企業ではすでに実践されています。

ロジスティクス業務の基本 | Chapter **7**

ロジスティクスを重視した製品設計

9箱積むとパレットからはみ出してしまうパッケージサイズ（4箱しか積めない）

パレットのサイズは決まっている

9箱がぴったりパレットに載るようにパッケージのサイズを見直す

143

販売領域でのロジスティクス

「売り逃し」「売れ残り」を減らす体制

　小売業などの取引先にモノを売る販売（営業）部門は、欠品による販売機会ロスや顧客からのクレームを恐れて、在庫を多めに確保する傾向があります。また、販売部門は、注文から納品までのリードタイム（納期）や注文の締め切り時間、1回当たりの注文単位などの納品条件について、顧客の要求通りに対応することで、将来の取引拡大・継続に結びつけたいと考えています。

　しかし、こうした販売部門のニーズにすべて応えていくことは、ロジスティクスの考え方からすると、必ずしも効率的だとは言えません。在庫は販売の"旬"の時期を過ぎると不良在庫化する可能性がありますし、例えば、少ないボリュームのモノを何度も届ける「多頻度小口納品」に対応することは物流コストの負担増を招いてしまうからです。

　販売領域における「ロジスティクス部」の役目は、販売部門の"期待値"などが盛り込まれたものではなく、実需に基づいた適正な在庫量を維持・管理することや、顧客の"言いなり"ではなく、自社と顧客の双方にとって実利のある条件下での物流体制を構築することにあります。

　モノをたくさん買ってくれる顧客は自社の売り上げ全体への貢献度が高いのは事実です。ただし、儲けさせてくれるとは限りません。買う力を背景に厳しい納品条件を突きつける顧客よりも、ボリュームは小さくてもコストの掛からない納品条件で取引する顧客のほうが、利益面では"良い取引先"であることもあります。自社にとって不利な納品条件を見直すため、顧客と交渉することも「ロジスティクス部」の仕事になります。

ロジスティクス業務の基本 | Chapter **7**

販売領域でのロジスティクス

ロジスティクス部門

在庫補充
を指示

納品条件
などを交渉

在庫情報

輸送方法・
頻度を指示

工場

顧客

納品

販売拠点

納品

倉庫・物流
センター

納品

ロジスティクス部門が
在庫量や輸配送を
コントロール

145

物流拠点のマネジメント

「分散」か「集約」か、総合的で難しい判断

　倉庫や物流センターといった物流拠点を数多く設置することには、例えば、販売物流の場合、顧客に対して迅速にモノを供給できるといったメリットがあります。ただし、拠点数が多い分だけ、各拠点に在庫を置くと、全社的に抱える在庫量も増えるというデメリットもあります。逆に、物流拠点の絞り込みは、全社的な在庫の削減というメリットがありますが、モノを納品するまでのリードタイムが長くなるなど顧客に対する物流サービスレベルが低下するといったデメリットが生じます。

　かつてモノが大量に生産され、大量に消費される時代には、47都道府県それぞれに1カ所ずつ、あるいは全国8ブロックに1カ所ずつといった具合に、たくさんの物流拠点を配置する企業も少なくありませんでした。しかし、製品のライフサイクルが短くなり、モノが売れ残って不良在庫化するリスクが高まっている現在では、物流拠点の統廃合や集約化を進めるケースが相次いでいます。極端な場合では、東日本と西日本エリアをそれぞれカバーする東西2拠点体制でモノを供給している企業もあります。

　ただし、物流拠点の数を減らしすぎることには、天災などの影響で操業が困難になった場合、モノの供給が停止してしまうというリスクも伴います。多くの物流拠点があれば、動かなくなった拠点の機能を近隣の拠点などでカバーすることも可能ですが、そもそも数が少なかったり、既存拠点の出荷能力に余力がなければ、そのような対応もできません。実際、拠点の数を絞りすぎたため、緊急時のリカバリーがうまくいかなかったケースも見受けられます。

物流拠点の配置

4拠点に在庫
* 物流拠点が増えると全社的な在庫量は増える
* 供給先に対する欠品リスクは小さい
* 納品までの時間もかからない

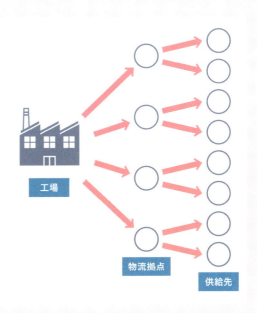

2拠点に在庫
* 全社的な在庫量は減る
* 天災等で拠点が動かなくなると納品できないエリアが生じる
* 納品までの時間はかかる

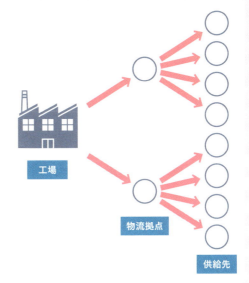

輸配送のマネジメント：「頻度」と「量」をバランス

リードタイムを考慮しトータルコストをダウン

　「すぐに持ってきてほしい」「毎日届けてほしい」「少しずつ供給してほしい」——短納期かつ多頻度小口での納品に対する顧客ニーズは年々高まっています。こうした要求に応えるため、自社の物流機能を高めていくのはとても重要なことですが、過度な顧客対応は自らの首を絞めることにもなりかねません。極端な例を挙げれば、顧客の要求だからといって毎日段ボール1ケース分のモノを届けるたびにトラック1台を使うのはとても非効率だからです。

　トラック1台の運賃が3万円だとしましょう。段ボール1ケースだけを運んだら1ケース当たりの運賃は3万円ですが、一度に300ケースを運べば、1ケース当たりでは100円となります。輸配送のコストを負担するのがモノを供給する側の場合、モノを受け取る側は、1ケースのみでも届けるよう要求するかもしれません。ただし、受け取るモノの価格に輸配送コストが含まれていたら、少しでもトータルコストが安くなるよう、なるべくモノをまとめて納品するよう指示するはずです。

　大切なのは、輸配送の「頻度」と「量」のバランスです。どのようなルールで輸配送を行えば、コストを低く抑えることができるのかを、モノを供給する側と受け取る側が双方にメリットがあるように決める必要があります。また、輸送の手段についても、リードタイムに比較的余裕があるのであれば、トラックだけでなく、鉄道や船舶も活用すれば、輸配送コストの削減にもつながります。こうして「いかに効率よく行うか」を考慮したうえで、輸配送の仕組みを構築・運用する「ロジスティクス」の視点が重要となります。

ロジスティクス業務の基本 | Chapter **7**

「ガラガラ」でも「ぎっしり」でも1台の運賃は同じ

トラック1台の貸し切り運賃 ＝ **30,000円**

30,000円 ÷ 1個 = 30,000円／個

30,000円 ÷ 300個 = 100円／個

輸配送のコントロール

2日間に分けて納品

30,000円 × 2 = 60,000円

60,000円 ÷ 300 = 200円／個

同じ個数をまとめて1回で納品

倉庫・物流センター   取引先

30,000円 × 1 = 30,000円

30,000円 ÷ 300 = 100円／個

149

在庫のマネジメント：適正水準をコントロール

「欠品リスク」も「不良在庫化」も回避

　生産活動に必要な原材料や資材の在庫も、販売のための製品在庫も、多めに確保すれば欠品の心配はなくなります。しかしその一方で、余った場合には使い途がなくなり不良在庫と化すリスクが高まります。アイテムごとにモノの適正な在庫数（水準）を決めて、過不足が生じないよう量をコントロールする「在庫管理」が重要です。

　生産や出荷でモノの在庫が減った場合、それを補充するための「発注」には、右ページ上段の表のような4つのパターンがあります。このうち、「定量」は売れ行きに関係なく、決まった数量を発注することになるため、発注する側（仕入れをする側）は、需要予測が外れた場合、過剰に在庫を抱えるリスクがあります。また、過剰在庫リスクは発注のタイミングを調整できないため、不定期よりも定期で大きくなります。

　このことからすると、発注する側にとって、もっとも都合がいいのは、「不定期不定量発注方式」です。ほしいタイミングでほしい量だけのモノ（在庫）を補充できるからです。ただし、モノを納める側が1回当たりの取引単位を決めている場合もあります。

　在庫をどれだけ確保しておけばよいかという基準は、企業ごと、モノのアイテムごとに異なります。その基準は「生産活動に必要な何日分」や「販売（出荷）の何日分」といった具合に設定されるのが一般的です。日数は発注から納品までのリードタイムなどを勘案して決まります。欠品を起こさず、なおかつ多くを抱えすぎず、という水準を、生産や出荷の動向を見ながら調整していくことが求められます。

ロジスティクス業務の基本 | Chapter **7**

発注方式のメリット・デメリット

発注方式	在庫状況の確認	メリット	デメリット
定期 定量発注	決まったとき だけ確認	需要予測は不要	在庫リスクあり
定期 不定量発注	決まったとき だけ確認	在庫は減らせる	需要予測は必要
不定期 定量発注	常に check	需要予測は不要	在庫リスクあり
不定期 不定量発注	常に check	在庫は減らせる	需要予測は必要

採用すべき発注方式とは

	現状	問題点	発注法
定期 不定量発注	・形式としては すでにたくさ んの企業で採 用中	・発注量の決め 方に課題あり ・販売計画や生 産ロット、経 験や勘に基づ いて決定	・発注量の決め 方に出荷動向 を加味して運 用する
不定期 不定量発注	・ごく先進的な 企業で採用中	・コンピューター の利用なしに は運用が困難	・「発注点」を 決めておき、 在庫が発注点 に至ったとき に発注する

出典：湯浅和夫『物流とロジスティクスの基本』

もっとも出荷動向
に即応できる方式

情報のマネジメント

7-9 一元管理で「見える化」を推進

　「いまモノがどこにどれだけある」といった情報を正確に把握・管理することは、ロジスティクスを展開するうえで、非常に大切なことです。モノの所在や量がわからなければ、本来、どうやってモノを運ぶか、どこにモノを置くか、どれだけモノを補充すればいいか、などを決めることができないからです。過去の実績や長年の業務経験による勘などをベースに、物流の計画を組むことも可能ですが、こうした"見込み"による管理では、正確性を欠き、予測が外れてしまった場合、効率が悪くなるリスクは必然的に高まります。

　正確な情報を入手するのに役立つのが、「輸配送管理システム（TMS）」や「倉庫管理システム（WMS）」といった物流系の情報システムです。これらの情報システムを活用すると、モノの現在状況をリアルタイムに把握することができます。さらにいえば、情報の管理は部門ごとや事業所ごとに委ねるのではなく、ロジスティクスを管轄する組織に全社的に一元管理させる体制が望ましいといえます。

　一元化のメリットは、例えば、モノの納品先が共通している場合、まとめて1回で届けるように手配したり、在庫が不足しているA拠点への注文を、B拠点の在庫からの出荷で賄うなど、物流全体をコントロールできる点です。これに対して、情報が分散管理されていると、供給体制の全体像が見えないため、部分最適にとどまり、無駄な輸配送や在庫補充を減らすことができないというデメリットがあります。

ロジスティクス業務の基本 | Chapter **7**

ロジスティクス部門が情報を一元管理

従来の発注・納品

発注時

工場　　　倉庫・物流センター

在庫数 **100**個

発注

50

在庫数 **0**個

納品時

工場　　　倉庫・物流センター

在庫数 **100**個

納品

生産 **50**個 ＝ **50**個 ＝ 在庫数 **50**個

全社在庫 ＝ **150**個

ロジスティクス部門によるコントロール

発注時

ロジスティクス部門　　在庫移動を指示

発注 **20**

工場　　　倉庫・物流センター

在庫数 **100**個

在庫数 **0**個

納品時

ロジスティクス部門

倉庫・物流センター

在庫数 **70**個

転送 **30**個

工場

納品

生産 **20**個 ＝ **20**個　在庫数 **50**個

全社在庫 ＝ **120**個

過剰生産・過剰在庫を防ぐため、
ロジスティクス部門が
倉庫・物流センターの
在庫を調整する

153

サプライチェーンマネジメント（SCM）を知ろう（I）

7-10 「調達」「生産」「販売」を まとめて管理する

　本章では、調達、生産、販売のそれぞれの領域で展開されるロジスティクスについて説明してきましたが、この調達から生産、販売に至る一連の供給活動を1つの鎖（チェーン）と捉え、部分最適ではなく、チェーン全体のモノの流れを最適化していく取り組みは、「サプライチェーンマネジメント（Supply Chain Management）」と呼ばれます。

　ロジスティクスでは、特定の企業内や企業グループ内のモノの流れが管理の対象の中心となります。これに対して、SCMでは、原材料や資材を供給するサプライヤーや、生産したモノの販売先など外部の取引先とも連携する格好で効率化を進めていきます。

　SCMがうまく機能するかどうかは、情報共有がカギとなります。従来は、それぞれが独立した企業であったり、取引上の力関係から、例えば、自社の生産計画をサプライヤーに開示したり、販売先から市場での販売実績データを提供してもらったりということはありませんでした。実需がわからないため、サプライヤーは多めにモノを用意してしまったり、生産部門も見込みでつくったりし、その結果、無駄な在庫を抱えてしまうなどの課題がありました。

　SCMでは、お互いの情報をオープンにし、その情報を見ながらモノの過不足をそれぞれの企業が自動的に調整する体制、つまり企業間で注文のやり取りがなくてもモノが効率良く流れる仕組みを理想としています。SCMが機能すると、「物流コストや在庫の削減」「調達から生産、販売までのリードタイム短縮」などの効果が期待できます。

ロジスティクス業務の基本 | Chapter **7**

サプライチェーンマネジメント（SCM）の考え方

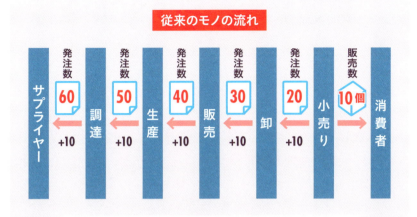

各部門が見込み（期待値）で発注していくため、
販売数の読みが外れると
無駄な在庫が生じる

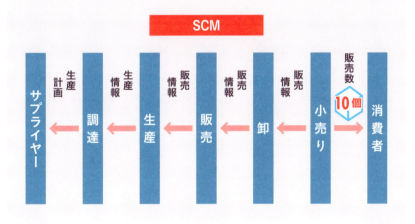

市場での販売実績情報を基に
各部門が動くため、
無駄な在庫をうまない供給体制に

155

サプライチェーンマネジメント（SCM）を知ろう（2）

7 -11 流通業主導型のSCMとは

　SCMには、製造業（メーカー）がその活動を主導するケースと、流通業（主に小売業チェーン）が主導するケースがあります。製造業主導型が調達から、生産、販売に至る過程のうち、主に流通業にモノを引き渡すまでの領域を管理の対象とするのに対し、流通業主導型は、製造業からモノを調達（製品の仕入れ）して、物流センターから出荷し、店舗で販売するまでの過程を一元管理することに軸足を置いています。

　流通業主導型SCMの取り組みで特徴的なのは、メーカー・卸といったサプライヤー側とモノを仕入れる小売りチェーン側との間で「自動発注」や「自動補充」といった仕組み・ルールが採用されている点です。通常、小売り側が注文してから、サプライヤー側からモノが納品されます。これに対して、自動発注や自動補充では、サプライヤー側が店舗での販売実績データや小売りの物流センターの在庫データなどを見ながら、必要なモノを必要なタイミングで納品していく体制になります。

　サプライヤーから小売りの物流センターまでの輸送体制見直しに着手するケースもあります。サプライヤー側がトラックなどを手配して小売りまでモノを届ける従来の体制を、小売り側が自ら取りにいく体制に改め、小売り側はモノの売価（仕入れ値）に含まれる輸送コストを透明化・分離化し、仕入れコスト引き下げを図っています。

　流通業主導型SCMは、ディマンドチェーンマネジメント（DCM：Demand Chain Management＝需要連鎖）とも呼ばれます。米国ウォルマートや日本のイオンなど大手チェーンが取り組んでいます。

Chapter 7 ロジスティクス業務の基本

流通業主導のSCM

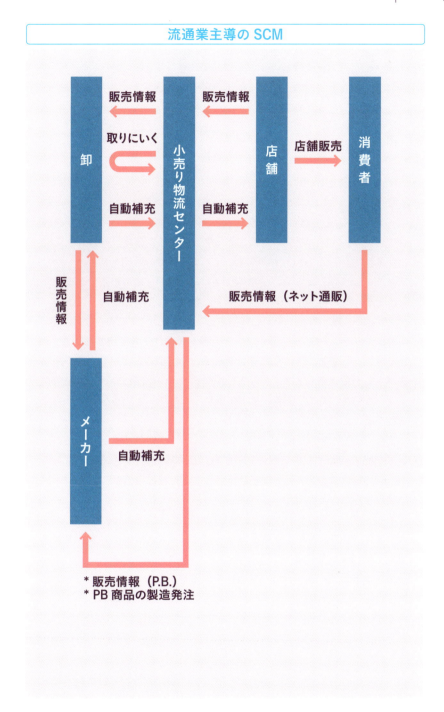

157

COLUMN

オムニチャネル対応

ネット時代が迫る
サプライチェーン再構築

　リアルの店舗でのモノの販売や、ネット上のバーチャルでの販売など、顧客の要求に合わせて様々なチャネル（販路）で対応することは「オムニチャネル対応」と呼ばれます。従来、モノは実店舗で購入することが一般的でしたが、ネット通販の台頭によって、消費者の購買行動は大きく変わりました。それに伴い、小売業は、リアル店舗での販売を前提としたサプライチェーンではなく、「店舗販売＋ネット販売」にも対応できるサプライチェーンの再構築を迫られるようになりました。

　例えば、店舗とネットで同じ商品を販売する場合、その商品の供給は、店舗にモノを供給する物流センターでネット向けにも対応するのか、それともネット通販専門の物流センターを新たに用意して対応するのかを検討する必要があります。そもそもネット向けの商品については物流センターからではなく、店舗にある在庫から出荷するという選択肢も考えられます。

　また、配送についても、店舗販売の場合には、ある程度まとまったロットで商品を荷揃えして店舗に納品すれば済みます。これに対して、ネット販売の場合には、宅配便などを利用して購入者の自宅まで直接、1つずつ商品を届けなければなりません。

　ネットでモノを買うことが当たり前になった現在、「店舗のみでの販売」スタイルは、消費者から支持されなくなりました。店舗でもネットでも購入できる体制を用意できなければ、販売機会ロスにつながります。商品の在庫管理、物流センターでの荷役作業や配送など、オムニチャネル化によって、より複雑になった物流管理をどうやって効率的に処理していくかが、小売業にとって大きなテーマとなっています。

8章

次世代ソリューションの基本

トラックの自動運転、ドローン、物流ロボットなど、
物流業務の生産性向上につながる新たなテクノロジーが
次々と誕生しています。
この章では、こうした次世代型ソリューションの
現状を紹介するとともに、
今後の普及・促進に向けた課題などを整理しています。

物流ドローンが飛び回る日は近いのか？

8-1 小型無人機活躍のための条件は

　「ドローン」は、遠隔操作や自動制御によって飛行できる小型の「無人飛行機」です。現在、商業用ドローンは、空撮や農薬散布といったシーンで活用されていますが、将来は目的地までモノを届けるなど物流分野での実用化も期待されています。人手をほとんど介さず、しかも空中を飛行するためスピーディーに輸配送できる「物流ドローン」は、輸配送効率化の切り札になる可能性も秘めています。

　米国ネット通販大手のアマゾンは、「物流ドローン」の実用化に向けた取り組みに力を入れている代表的な企業です。同社は、ネット販売した商品を物流拠点から購入者の自宅にドローンで直接配達する仕組みを構築するための実証実験を繰り返しています。本格的な運用はまだ先となりそうですが、１～３キログラム程度の商品をドローンに積んで、注文から30分以内で購入者に届けることを目指しています。

　一方、日本でも官民一体での実証実験がスタートしています。交通の利便性がよくない離島エリアへの医薬品等の供給、ゴルフ場内での飲料品の供給、マンションなど高層住宅への物資の供給といったシーンでの活用を想定し、試験飛行などを実施しています。

　もっとも、ドローンには、①操縦不能に陥った際の落下などの危険性、②搭載可能重量の限界、③航空法など飛行に関する法規制――など、実用化に向けた課題が少なくありません。ただし、こうした技術的・法的な課題は、時間の経過とともに解消されることも予想されます。近い将来、「ドローン」が物流分野で活躍する日がくるかもしれません。

Chapter 8 次世代ソリューションの基本

Amazonは当日配送サービスにドローンを活用

ネット通販大手のアマゾンは
配達ドライバーの人手不足問題解消や当日配達のスピード化に
ドローンを活用しようとしている

写真出典：アマゾン ホームページ

楽天はゴルフ場でドローンの実証実験

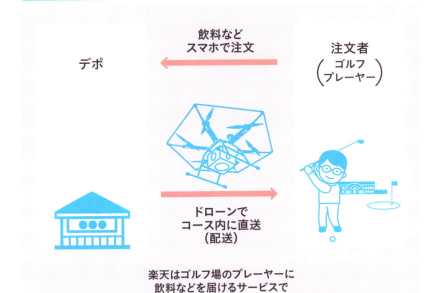

楽天はゴルフ場のプレーヤーに
飲料などを届けるサービスで
ドローンを活用できるかどうか実証実験に取り組んでいる

161

物流ロボットは普及するのか?

8-2 人手不足で注目も 課題は処理能力向上

　少子高齢化などの影響で、物流現場では人手不足が深刻化しています。輸配送を担うドライバーのみならず、物流拠点でピッキングや仕分けなどの荷役を行う作業スタッフの確保も困難な状況になりつつあるのが実情です。このまま物流の仕事に就く人材が減り続けていけば、市場にモノが供給できず、日本経済が麻痺してしまう可能性も否定できません。

　そんな中、注目を集めているのが「物流ロボット」です。物流現場にはこれまでにも、パレットの上に段ボールを自動的に積みつけていく「パレタイザー」をはじめとする様々な自動化機器が導入されてきました。しかし近年は新たに、商品棚を自動搬送するロボットや、画像認識技術を活用したピッキングロボットなど、従来は機械に置き換えることのなかった作業を対象にした物流ロボットの導入に踏み切る企業が相次いでいます。その目的は、省力化と無人化です。

　商品棚を自動搬送するロボットは、米アマゾンの物流センターで採用されたことで認知が高まりました。このロボットは、従来は床に固定されていた商品棚が作業スタッフの目の前まで自走して移動してくる仕組みで、スタッフはピッキングや格納といった作業をその場で処理できるようになります。日本国内では、アマゾンのほかに、家具大手のニトリの物流センターなどで先行導入されています。

　ただし、現行の物流ロボットの生産性は、マンパワーよりもやや劣っているようです。しかし、今後の技術革新で処理能力が向上するとともに、導入コストの低減化が進めば、普及に弾みがつく可能性もあります。

次世代ソリューションの基本 | Chapter 8

物流施設への導入が進む自動化機器

パレットに段ボールを自動的に積みつけていくパレタイザーと呼ばれるロボット

写真出典：オークラ輸送機 ホームページ

Amazonが世界各国の物流センターで導入を進める自走式ロボット「ドライブ」

ドライブが商品の入った棚を持ち上げて搬送する

物流センター内を走り回るドライブに載った棚は、ピッキングを行う作業員の前まで移動してくる

写真出典：アマゾン ホームページ

163

トラックの自動運転は可能なのか？

高速道路での実用化は「東京−大阪間」から

　輸配送を担うトラックドライバーの数は、2020年に日本国内で約10万人が不足すると言われています。その対応策の1つとして期待されているのが、トラックの「自動運転」や「無人運転」の実現です。

　先行する米国では2016年に自動運転トラックによる輸送実験に成功しました。自動運転トラックが高速道路上を約200キロメートル走行し、積み荷であるビール5万本を無事に目的地まで届けました。早期の実用化を目指し、今後も実証実験などを繰り返していくようです。

　一方、日本では2018年に高速道路上でのトラックによる隊列走行の実証実験が政府主導でスタートします。隊列走行とは、ドライバーが先頭のトラックだけを運転し、後続するトラックは無人状態で自動走行して追走するというもので、2022年度以降に東京—大阪間での実用化を視野に入れています。また、宅配便最大手のヤマト運輸とDeNA（ディー・エヌ・エー）は2017年に自動運転トラックで宅配便を各家庭に配達する「ロボネコヤマト」プロジェクトの実証実験をスタートしました。

　自動運転トラックは、実用化されれば、ドライバー不足を補う救世主的な存在になることは間違いありませんが、現状では技術面や安全面でクリアすべき課題も少なくありません。一例を挙げれば、車体が大きく、重量のあるトラックの場合、重大事故防止の観点からも、乗用車の自動運転よりもはるかに高度な制御技術が必要になります。自動車メーカー各社の技術革新が早期実用化のカギを握っています。

次世代ソリューションの基本 | Chapter 8

トラックの自動運転による隊列走行

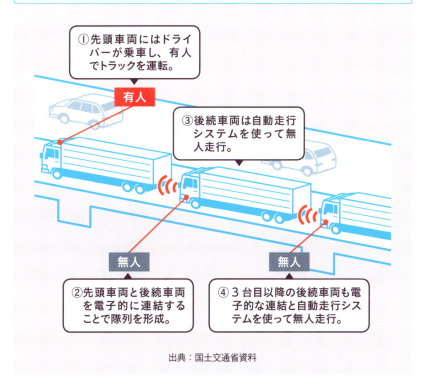

出典：国土交通省資料

自動運転の配達車両「ロボネコヤマト」

ドライバー不足解消を目指し、無人運転による配達車両の開発を目指している

玄関先などに到着した「ロボネコヤマト」から荷受人が自ら宅配便を受け取る

写真出典：ヤマト運輸 ホームページ

トラック版 Uber が輸配送効率化の切り札に?

8-4 空きトラックと荷物をマッチング

「Uber（ウーバー）」は現在、世界約70カ国で提供されている、タクシーや自家用車と乗客をマッチングする配車サービスです。この仕組みをトラック輸送の分野に応用したのが「Uber Freight（ウーバーフレイト）」で、空きトラックと運び手の見つからない荷物をマッチングします。

「Uber Freight」を利用すると、ドライバーは輸配送の仕事を簡単に見つけられるため、トラックの稼働率を高めることができます。一方、荷物を出す側は、トラックの手配が容易になるほか、通常よりも安い運賃で運び手を見つけられれば、コスト削減が可能になります。

日本にはもともと、空きトラックと荷物を結びつける「求貨求車システム」と呼ばれるサービスが存在しています。仲介会社は、システムの利用者（運送会社や荷主）からマッチングが成立した際に運賃の数％を手数料として徴収、あるいは月額一定の情報提供料を請求します。

求貨求車システムがトラック運送会社に対して荷物を斡旋（あっせん）するのに対し、「Uber Freight」はドライバー個人が対象です。米国ではドライバーがトラック1台のみを用意すれば輸配送サービスを提供できます。しかし日本の場合は運送事業を始めるにあたりトラックの最低保有台数規制があります。サービスの対象が異なるのはそのためです。

日本ではトラックの空車率（荷物を積まずに走行するトラックの割合）が40％程度に達しています。この状況をビジネスチャンスと捉え、近年には「求貨求車」の分野に新規参入するベンチャーが相次いでいます。

次世代ソリューションの基本 | Chapter **8**

空きトラックと荷物をマッチング

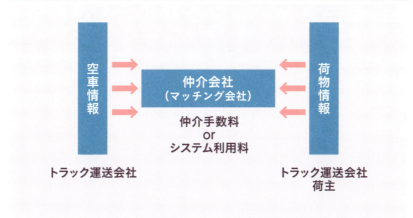

米国版「求貨求車」ウーバーフレイト

米ウーバー社はタクシーの
マッチングサービスだけでなく、
トラック分野にも参入した

トラックドライバーは
スマホなどを通じて荷物を
探すことができる

写真出典：ウーバー ホームページ

167

宅配ボックスは普及するのか？

8 -5 「再配達率2割」の現状打破に期待も導入コストが問題

　国土交通省の調査によれば、宅配便の再配達率は全体の約2割に達しています。ドライバー不足が深刻になる中、手間とコストが掛かる再配達をいかに減らしていくかは、社会的にも大きなテーマの1つとなっています。

　コンビニ店舗での受け取りや、駅などに設置された宅配ロッカーの利用などとともに、再配達を減らす手段の1つとして注目されているのが「宅配ボックス」です。高層マンションなど集合住宅の共用スペースや、戸建て住宅の玄関先に設置されるもので、受取人が不在の際、ドライバーはボックス内に宅配便を入れれば配達を完了できます。

　宅配ボックスを開発・販売するパナソニックと福井県あわら市の実証実験によると、設置前の再配達率は約49%であったのに対し、設置後は8%にまで減少。さらに宅配便会社の推定労働時間を約222.9時間、トラックによるCO_2排出量を約465.9kg削減できたそうです。

　このように「宅配ボックス」の普及・設置には、再配達問題の解消で大きな成果が期待できますが、そもそも誰が導入費用を負担するのかという議論もあります。再配達減少でメリットを享受するのは宅配便会社であるにもかかわらず、荷物を受け取る側の個人や家庭が導入コストを負担する格好では、設置が進まないのではないかと懸念されています。共用型の「宅配ロッカー」のように、導入に対して国の補助金が出るような仕組みがあれば、普及を後押しするかもしれません。

次世代ソリューションの基本 | Chapter 8

「宅配ボックス」設置の効果

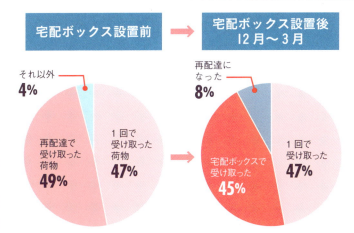

パナソニックと福井県あわら市の実証実験

宅配ボックス設置前

- それ以外 4%
- 再配達で受け取った荷物 49%
- 1回で受け取った荷物 47%

2016年10月度の荷物受け取り状況
（パナソニック社事前アンケートより
2016年回答100世帯）

受け取り荷物総数 583回／月

宅配ボックス設置後 12月〜3月

- 再配達になった 8%
- 宅配ボックスで受け取った 45%
- 1回で受け取った 47%

2016年12月から2017年3月までの荷物受け取り状況
（パナソニック社使用実態アンケートより
2017年回答延べ417世帯）

荷物総数 2,258回

「宅配ボックス」設置の効果

戸建て住宅に設置する宅配ボックス。
価格は1台当たり数〜十数万円。
個人（家庭）にとって導入負担は大きい

AI（人工知能）は物流領域でどう活用されるのか？

8-6 会話AI、画像判別など導入始まる

　現在、産業界では、AI（Artificial Intelligence＝人工知能）を活用した様々なソリューションが開発・運用されていますが、物流分野でもこの技術を応用して業務簡素化などに役立てていこうという試みが相次いでいます。

　例えば、宅配便最大手のヤマト運輸では、自社の公式LINEアカウントに、「会話AI」を実装した荷物問い合わせ機能を追加。「配達状況の確認」や「配達日時の変更」などについてのユーザーとのやり取りを、AIが自動返答する仕組みに改めました。さらにヤマトではAIが配達履歴などを分析して、ドライバーに最適な配達ルートを提示するシステムを2018年度に本格導入する計画です。

　一方、佐川急便はNTTデータが開発した「物流画像判別AIエンジン」の実証実験に参加。AIが荷物の画像を分析し、寸法や形状、汚れ、破損など最大1000種類の特徴を判別できる同システムを活用していくことで、将来的には、物流拠点における荷役作業の省力化やドライバーの作業負担軽減に役立てていきたい考えです。

　AIの特徴の1つである「ディープラーニング（深層学習）」機能では、例えば、実務ノウハウに長けたベテランの判断基準（過去の実績データ等）をコンピュータに自動学習させることで、効率の良い作業手順などの最適解を導き出すことができるようになります。それを利用することによって、経験の浅い作業スタッフでもベテランと遜色のない高い生産性を実現できる可能性があります。

次世代ソリューションの基本 | Chapter **8**

ヤマト運輸がはじめた「会話AI」を使った荷物問い合わせ

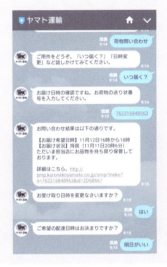

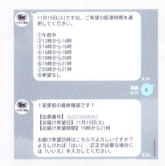

「会話AI」を使って
LINE上での荷物問い合わせの
やりとりを効率化している

出典：ヤマト運輸 ホームページ

佐川急便&NTTデータによる「画像判別」の実証実験

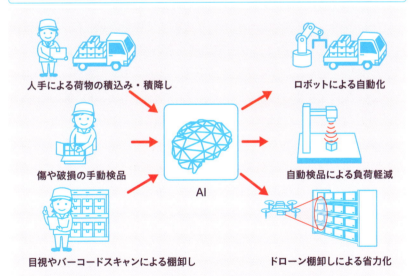

物流画像判別AIエンジンを使って物流現場の作業効率化を実現する

出典：NTTデータ ホームページ

「貨客混載」にはどんなメリットがあるのか？

8-7

旅客輸送のバスやタクシーが貨物も輸送する

　これまで「人」（旅客）を乗せるバスやタクシーが「モノ」（貨物）を有償で運ぶことや、反対にトラックが「人」を有償で運ぶことは法的に認められていませんでした。しかし、旅客、貨物の輸送の担い手確保や、需要減少が続く過疎地域での輸送力を維持する目的から、国土交通省は2017年、いわゆる「貨客混載」を可能にしました。

　この規制緩和は、旅客自動車運送事業と貨物自動車運送事業の許可をそれぞれ取得した場合、乗合バスは全国で、貸切バスやタクシー、トラックについては過疎地域において一定の条件下で"かけもち"が可能になるというものです。例えば、定期路線運行を行う乗合バスでは、「人」のほかに、同一方面に向かう「モノ」を載せて停留所近くにある物流拠点まで輸送することが、タクシーでは時間帯の需要に応じて「人」と「モノ」を交互に運ぶことができます。トラックは「モノ」を運ぶ際の途中経路で「人」を乗せられます。

　法改正に先立ち、ヤマト運輸では、兵庫、岩手、北海道など全国各地のバス会社と提携して**「貨客混載」の実証実験**を進めてきました。「貨客混載」はトラック運送会社にとって特定方面向け幹線輸送の一部をトラックからバスに切り替えることで、輸送コストやCO_2排出量を削減できます。一方、バス会社にとっては、「モノ」を運ぶことによる収入増が見込め、当該路線維持の一助になるといったメリットがあります。

> **貨客混載の実証実験**
> ヤマト運輸や佐川急便など宅配便会社と全国各地の路線バス会社が、国交省の支援のもと、混載の効果測定などを行っている。

次世代ソリューションの基本 | Chapter 8

貨客混載の想定ケース

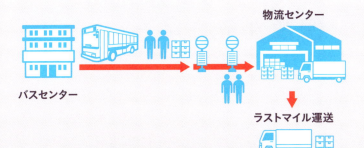

定期路線運行する乗合バスにおいて、
同一方面に向かう貨物を一緒に載せ、地場のトラック事業者と共同することで
効率的な運送を実現する

出典：国土交通省

ヤマト運輸とバス会社による貨客混載バス

バス会社は貨物による運賃収入を見込める

バスの座席スペースの一部を使って「宅急便」を運ぶ

写真出典：ヤマト運輸 ホームページ

173

RFID は普及するのか？：卵とニワトリの議論

8
-8
コストダウンが先か？
普及が先か？

　RFID（Radio Frequency Identification）とは、電波の送受信によって非接触で IC チップの中のデータを読み書きする技術です。段ボールやモノに印刷されているバーコードは、1 つひとつスキャンして読み取る必要があるのに対し、RFID は複数のタグを一気に読み取ることが可能です。そのため、物流分野では、荷受け検品や在庫管理などの作業を効率化できるツールとして早くから注目を集めてきました。

　しかしながら、物流現場への本格導入は足踏み状態が続いているのが実情です。その理由の 1 つに、コスト負担が大きいことが挙げられます。現在、RFID タグの価格は 1 枚当たり十数円〜 100 円程度とされており、印刷コストとして吸収できるバーコードに比べ割高です。効果への期待は大きいものの、現状では導入・運用費用に見合うだけのコスト削減メリットを享受できないと判断されています。

　RFID タグの価格は、市場で流通する枚数が増えれば、低減していくことが予想されます。まさに「卵が先かニワトリが先か」の議論です。そんな中、経済産業省と大手コンビニエンスストア 5 社は 2025 年をめどに国内全店舗で扱う全商品に RFID タグを導入する方針を打ち出しました。店舗でのレジ業務の簡素化などが主な目的です。

　このプロジェクトを通じてコンビニ業界だけで年 1000 億枚の RFID タグ利用が見込まれており、タグの価格は 1 枚当たり 1 円以下になる見通しです。もともと導入メリットに対する理解はあることから、タグの価格が下がれば、物流現場への普及も加速していく可能性があります。

次世代ソリューションの基本 | Chapter 8

RFIDの活用メリット

バーコードの場合は荷物を1つひとつ読み取る

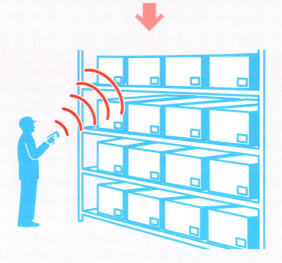

RFIDなら複数のタグを一括で読み取ることができる

COLUMN

サードパーティー・ロジスティクス（3PL）

包括的に物流管理を代行する第三者

「サードパーティー・ロジスティクス（Third-party Logistics=3PL）」という言葉に触れる機会があると思います。3PLとは、「荷主企業に代わって、最も効率的な物流戦略の企画立案や物流システムの構築の提案を行い、かつ、それを包括的に受託し、実行すること。荷主でもない、単なる運送業者でもない、第三者として、アウトソーシング化の流れの中で物流部門を代行し、高度の物流サービスを提供すること」（総合物流施策大綱）と定義されています。

例えば、製造業（メーカー）にとってのコア（中核）業務はモノづくり（生産活動）であり、物流はモノづくりの過程で必要となる付帯的な業務にすぎません。そこで、輸配送や保管など物流機能の実作業はもちろん、調達、生産、販売部門との調整など管理業務までを含めて第三者にアウトソーシングし、自らはコア業務に経営資源を集中させようと考えるようになりました。その際の受け皿となるのが3PLです。

本来の定義から言えば、物流会社は3PLになり得ません。荷主に代わって効率化を追求した結果、物流コストが下がることは、物流会社にとって収益減となるため、最適な提案がなされない可能性があるからです。そのため、利害関係のない「第三者」であるべき3PLの担い手は、コンサルティング会社や商社などが理想であるとされています。

しかし実際には、3PLとして機能する企業の多くは物流会社です。その理由としては、①物流会社以外の第三者が担い手になると、荷主→第三者→物流会社という多段階構造となり、かえってコストアップになる、②トラックや倉庫・物流センターなどハードを持つ物流会社のほうが、実務の安定性・継続性が高い――といったことが考えられます。

第三者と言いながら、物流会社がその受け皿として機能する、実態と定義との乖離が、3PLへの理解の妨げであるのかもしれません。

おわりに

　本書は、物流企業への就職を目指す学生さんや、物流やロジスティクス部門に配属されて間もない社会人の方々などを対象にした「初学者向けの教科書」です。業界内では当たり前のように使う専門用語についても、初めて目にすることを前提に、わかりやすく、噛み砕いた表現で記載するように心掛けました。

　執筆にあたって強く意識したのは、日々の生活やビジネスを裏方として支えている物流の世界で、具体的にどのようなことが"現場"で行われているのかをイメージしてもらうことです。そのため、活字だけでなく、イラストや写真といった視覚で捉えられるコンテンツをふんだんに活用しました。この判断は、私自身、取材などを通じて物流現場に足繁く通い、自分の眼でその様子を確かめることで、物流やロジスティクスに対する理解を深めていったという過去の経験に基づくものです。

　すでに実務を積まれている物流・ロジスティクスのプロの皆さんにとっては、やや物足りない内容かもしれません。よりハイレベルな解説等が盛り込まれたプロ向けの教科書は、これまで諸先輩方によって数多く出版されておりますので、そちらをご参照いただければ幸いです。

　本書出版の機会を与えてくださったのはソシム株式会社の中村理編集部長です。企画から編集に至る一連の業務では、編集者の根村かやの氏に長期間にわたって多大なご支援をいただきました。また、図解ページ等で使用している写真については、物流企業各社様、マテハン機器メーカー各社様などに画像データの提供をお願いしました。そして、約20年間、物流業界の関係者の皆様には、これまで様々なテーマについての取材・執筆活動でご協力をいただいてきました。この場を借りて、感謝の意を表します。

2017 年 12 月　刈屋大輔

参考文献リスト

書籍・雑誌等

◎物流とロジスティクスの基本　湯浅和夫（日本実業出版社）

◎ロジスティクス入門　中田信哉（日本経済新聞出版社）

◎図解 基本からよくわかる物流のしくみ　角井亮一監修（日本実業出版社）

◎物流業界の動向とカラクリがよ～くわかる本　橋本直行（秀和システム）

◎航空貨物 Q&A 100 問 100 答　日刊 CARGO 編集部編（海事プレス社）

◎はじめての人の貿易 入門塾　黒岩章（かんき出版）

◎サプライチェーン・ロジスティクス　E・H・フレーゼル（白桃書房）

◎月刊ロジスティクス・ビジネス　（ライノスパブリケーションズ）

統計資料等

◎国土交通省　http://www.mlit.go.jp

◎全日本トラック協会　http://www.jta.or.jp

◎日本ロジスティクスシステム協会　http://www.logistics.or.jp

◎日本倉庫協会　https://www.nissokyo.or.jp/

写真データ等

◎ SBS ホールディングス　https://www.sbs-group.co.jp

◎日本郵船　http://www.nyk.com

◎ヤマトホールディングス（ヤマト運輸）　http://www.yamato-hd.co.jp

◎上組　https://www.kamigumi.co.jp

◎富士ロジテックホールディングス　http://www.fujilogi.co.jp

◎日本貨物鉄道（JR 貨物）http://www.jrfreight.co.jp

◎横浜港埠頭　http://www.yokohamaport.co.jp

◎日本貨物航空　http://www.nca.aero/main.html

◎グッドマンジャパン　https://jp.goodman.com

◎ ESR（レッドウッドグループ）　http://www.redwoodgroup.com/about-ja

◎ダイフク　http://www.daifuku.com/jp/

◎オークラ輸送機　http://www.okurayusoki.co.jp

◎アマゾンジャパン　https://amazon-press.jp/

◎ウーバー　https://www.uber.com/ja-JP/newsroom/企業情報 /

◎ NTT データ　http://www.nttdata.com/jp/

◎日立物流ソフトウェア　http://www.hitachi-hbsoft.co.jp

◎パナソニック　https://www.panasonic.com/jp/home.html

◎楽天　https://corp.rakuten.co.jp/

◎ SG ホールディングス（佐川急便）　http://www.sg-hldgs.co.jp

順不同

索 引

アルファベット・数字

3PL	133, 176
3期制	122, 123
AI	108, 170, 171
DCM	156
EDI	107
ERP	108
Physical Distribution	26
RFID	174, 175
SCM	58, 154, 155, 156, 157
SCP	108
TMS	100, 101, 102, 108, 130, 131, 152
WMS	100, 101, 106, 107, 108, 130, 131, 152

あ行

アウトソーシング	112, 113, 120, 124, 126, 132, 176
アパレル系製造小売り(SPA)	58, 59
一時保管	47, 50, 51, 74, 140
一括物流センター	128, 129
ウイングボディ	64, 65
売上高物流費比率	110, 111
運送業	42, 43, 80, 176
運賃計算	100, 102, 103
運搬	32, 127
営業倉庫	30, 31
オムニチャネル	158
卸売業	52

か行

海運貨物取扱業者(海貨業者)	72, 73
海運業	42, 43
外航海運	43, 72
海上コンテナ	32, 33
貨客混載	172, 173

貸し切り輸送	62, 63
活動基準原価計算	132
家電リサイクル法	56
貨物専用機	76, 77
貨物追跡システム	100, 104, 105
ガントリークレーン	32, 33, 74, 75
寄託契約	122
求貨求車システム	166, 167
供給	26, 46, 47, 48, 52, 54, 56, 84, 91, 94, 100, 128, 140, 146, 147, 150, 162
供給連鎖	58
共同配送	60
木枠梱包	92, 93, 126
ケアマーク	92, 93
ケースピッキング	90
検針	85
検品	48, 82, 83, 100, 106, 107, 140, 171, 174
航空運輸業	42
航空会社	78, 79, 112
航空貨物	43, 78, 79
航空フォワーダー	78, 79
工場内物流	50, 51
小売業	52, 128, 144, 156, 157, 158
港湾運送	43, 74, 75
港湾運送事業法	74
国際輸送	76
国内輸送	68, 73, 76
個建て	114, 115, 122, 123, 124
固定ロケーション	86
混載	78, 79, 114
混載業者(フォワーダー)	78, 79
混載差益	78
コンテナ	66, 67, 70, 71, 73, 116, 117, 126
コンテナ船	70, 71
コンベヤ	32, 33, 95

179

梱包・包装 ……………… 26, 28, 38, 40, 42, 46, 50, 51, 82, 92, 94, 101, 110, 113, 126

さ行

サードパーティー・
ロジスティクス ………………………… 176
在庫管理 ……………… 100, 106, 150, 158, 174
再配達 ………………………… 168, 169
在来型貨物船 ………………………… 70
サプライチェーン
マネジメント ……… 58, 154, 155, 156
サプライヤー………… 46, 48, 59, 85, 140, 141, 154, 155, 156
自家倉庫 ……………………………… 82
自動運転 ………………………… 164, 165
支払物流費 ………………… 112, 113
車扱い ……………………………… 66
出荷 ……………… 28, 40, 41, 50, 52, 90, 91, 92, 94, 100, 106, 107, 124, 125, 126, 134, 139, 146, 150, 151, 152, 156, 158
出庫料 ……………………… 124, 125
シュリンク包装 ………………… 39, 88
情報管理 ……………… 26, 28, 40, 42, 110, 130, 137
静脈物流 ……………………………… 56
白ナンバー ………………… 120, 121
仕分け ……………… 28, 32, 41, 46, 52, 54, 55, 56, 74, 82, 90, 91, 94, 95, 117, 124, 126, 162
水運業 ……………………………… 42
生産 ……………… 28, 29, 34, 36, 47, 51, 52, 55, 56, 58, 59, 110, 111, 137, 146, 150, 151, 153, 155, 156, 176
生産物流 ………………… 46, 50, 138
生産部門 ………………… 46, 48, 50, 124, 140, 141, 142, 154
生産ライン……………… 36, 46, 47, 48, 50, 140
製造業 ……………… 42, 46, 47, 48, 52, 53, 58, 156, 176

積載率 ……………………………… 134
全数検品 ……………………………… 84
センターフィー ………………… 128
船舶 ……………… 28, 30, 32, 38, 41, 42, 62, 70, 71, 72, 74, 76, 114, 116, 118, 148
船舶輸送 …………70, 72, 116, 117
倉庫 ……………… 28, 29, 30, 32, 34, 35, 36, 40, 44, 52, 82, 83, 86, 88, 98, 100, 101, 112, 113, 122, 124, 125, 139, 146, 153, 176
総合物流会社 ………………………… 42
倉庫管理システム ……… 100, 106, 107, 108, 130, 152
倉庫業 ………………… 42, 43, 82
ソーター………………… 32, 94, 95

た行

大量一括納品 ……………………… 53
隊列走行 ………………… 164, 165
宅配便 ……………… 28, 30, 44, 54, 62, 65, 76, 94, 104, 105, 114, 158, 164, 165, 168, 172
宅配ボックス……………… 168, 169
種まき式 ………………… 90, 91
多頻度小口納品 ………52, 53, 144
タリフ（標準運賃表） ……… 114, 115, 116
段ボール ……………… 28, 32, 33, 38, 39, 50, 84, 92, 94, 96, 123, 126, 127, 148, 162, 163, 174
長距離輸送 ……………………… 72
調達 ……………… 55, 56, 58, 59, 126, 140, 154, 155, 156, 176
調達物流 ……………… 46, 49, 110, 111, 138, 141
調達部門 ……………46, 48, 49, 140, 141
直送貨物 ………………… 78, 79
通運 ………………… 66, 67
坪建て ……………………………… 122
積み合わせ輸送 ………62, 63, 114, 115
摘み取り式 ………………… 90, 91
定期船サービス …………72, 73, 116, 117

180

ディマンドチェーン
マネジメント ……………………… 156
デジタル検品 …………………… 84
デジタルタコグラフ ……… 102
デジタルピッキング ……… 90, 91
鉄道業 …………………………… 42
鉄道輸送 ……………… 66, 67, 68, 69,
　　　　　　　　　104, 116, 117
ドア・ツー・ドア …………… 62, 66, 68, 69
動態管理 ………………… 102, 103
到着料 ……………………… 116, 117
動脈物流 ………………………… 56
道路貨物運送業 ………… 42, 80
特別積み合わせ輸送 ……… 62, 63, 114
トップリフター ……………… 32, 67
トラック運送会社 ……… 62, 63, 80, 112,
　　　　　113, 120, 121, 166, 167, 172
トラック運送業 …………… 42, 43
トラック輸送 …………… 62, 64, 68, 69,
　　　　72, 76, 78, 114, 116, 120, 121, 166
トレーラー …………………… 64, 67
トンキロベース ……………… 68, 72, 73
トンベース …………… 62, 63, 68, 120

な行

内航海運 ……………… 43, 69, 72
中抜き …………………………… 54
日本ロジスティクス
システム協会 ………… 26, 110, 111, 113
荷役 …………………… 26, 28, 32, 33,
　　38, 40, 41, 42, 46, 50, 52, 74, 75, 92,
　　96, 98, 101, 106, 110, 112, 126, 137,
　　　　　　138, 158, 162, 170
荷役費 ……………………… 110, 111
入荷 ……………… 85, 100, 106, 107
入庫料 ……………………… 124, 125
抜き取り検品 ………………… 84
ネット通販 …………… 26, 28, 44, 157,
　　　　　　158, 160, 161
値札貼り …………… 28, 36, 46, 88,
　　　　　124, 125, 132, 133
ノー検品 ……………………… 84

は行

バーコード検品 …………… 84, 85
配車管理 ………………… 100, 102, 103
配送 ……………… 28, 30, 34, 54,
　　60, 65, 101, 113, 120, 121, 128, 134,
　　　　　　　　　158, 161
発送料 ……………………… 117, 118
バラピッキング ………………… 90
パレタイザー ………………… 162, 163
パレット ……………… 32, 50, 52, 54,
　　　86, 96, 97, 143, 162, 163
パレット建て ………………… 122
パレットピッキング ……… 90
搬送 ……………… 33, 46, 50, 51,
　　74, 98, 107, 124, 125, 140, 162, 163
ハンドフォーク ……………… 32, 96
販売物流 …………… 46, 54, 55, 56,
　　　　　110, 111, 138, 146
販売部門 …………… 46, 50, 124,
　　　　　　144, 176
バンボディ ……………………… 64, 65
飛行機 ……………… 30, 32, 70, 76,
　　　　　　　　　　118
ピッキング ……………… 28, 32, 33, 41,
　　46, 52, 54, 82, 87, 90, 91, 94, 100, 106,
　　　　　107, 162, 163
平ボディ ………………………… 64, 65
フォークリフト ………………32, 33, 50, 96
フォワーダー ………………… 78, 79
物的流通 ………………………… 26
物流 ……………… 26, 27, 136, 137,
　　　　　　　　　　140
物流ABC ………………… 132, 133
物流KPI ………………………… 134
物流会社 ……… 42, 92, 98, 112,
　　　　　113, 134, 176
物流管理費 ……………… 110, 111
物流機能 …………… 42, 46, 47, 58,
　　　82, 136, 148, 176

物流センター ……………… 28, 29, 30, 32, 34, 35, 36, 40, 46, 53, 54, 59, 82, 85, 90, 91, 94, 98, 101, 106, 107, 112, 113, 122, 124, 125, 137, 146, 153, 156, 158, 162, 173, 176

物流ドローン………………………… 160, 161

物流の6大機能 …………………… 26, 27

物流ロボット ………………………… 162, 163

不定期船サービス ………………… 72, 116

船会社 …………………………… 72, 73, 116

フリーロケーション ……………………… 86

フレーター ………………………………… 76

兵站 ………………………………… 58, 136

ベリー ……………………………………… 76

包装 ………………………… 26, 39, 88, 126

包装費 ………………………………… 110, 111

保管 ……………………………… 26, 28, 34, 35, 40, 41, 42, 46, 48, 50, 82, 83, 86, 87, 90, 98, 101, 107, 112, 124, 134, 137, 138, 140, 176

保管費 …………………… 110, 111, 122, 123

幌ウイング…………………………………… 64

ま行

マテハン機器 ……………………………… 32

緑ナンバー ……………………… 120, 121

ミルクラン ……………………………… 48, 49

無人運転 ……………………………… 164, 165

モーダルシフト ……………… 68, 69, 72

目視検品 ………………………………… 84, 85

や行

輸送 ………………………… 28, 30, 34, 38, 40, 41, 43, 44, 46, 50, 52, 63, 92, 101, 102, 104, 118, 119, 142, 145, 148, 156, 164, 172

輸送費 ……………… 48, 110, 111, 118

輸配送 ………………………… 26, 28, 30, 34, 38, 40, 41, 42, 46, 48, 60, 102, 104, 110, 111, 112, 118, 120, 126, 137, 138, 145, 148, 149, 152, 160, 162, 164, 166, 176

輸配送管理システム …… 100, 102, 103, 108, 130, 152

容積建て ……………………………………… 122

ら行

リードタイム …………… 118, 144, 146, 148, 150, 154

流通加工 ………………… 26, 28, 36, 37, 40, 41, 42, 46, 47, 82, 88, 89, 101, 110, 113, 124, 125, 137

流通業 ……………… 42, 55, 156, 157

冷凍・冷蔵車……………………… 64, 65

ロケーション管理……… 40, 41, 100, 106

ロジスティクス ………… 58, 136, 137, 140, 141, 148

ロジスティクス部 ………… 138, 139, 140, 142, 144

路線便 ……………… 62, 63, 65, 78, 114, 115, 116, 121

著者略歴

刈屋 大輔 （かりや　だいすけ）

1973年生まれ。青山学院大学大学院経営学研究科博士前期課程修了（経営学修士）。
物流専門紙「輸送経済」記者、物流月刊誌「ロジスティクス・ビジネス」副編集長など
を経て、独立。物流・ロジスティクス分野を中心に、幅広い分野で取材・執筆活動を行う
とともに、大学非常勤講師などを務める。
株式会社青山ロジスティクス総合研究所代表取締役。
連絡先 info@aoyama-logi.co.jp

■企画・編集　　　　根村 かやの
■ブックデザイン　　河南 祐介（FANTAGRAPH）
■DTP・図版作成　　西嶋 正

知識ゼロからわかる
物流の基本

2018 年　1 月　9 日 初版第 1 刷発行
2024 年 12 月 24 日 初版第 12 刷発行

著　者　　刈屋 大輔
発行人　　片柳 秀夫
編集人　　三浦 聡
発行所　　ソシム株式会社
　　　　　https:///www.socym.co.jp/
　　　　　〒 101-0064 東京都千代田区神田猿楽町 1-5-15　猿楽町 SS ビル
　　　　　TEL　03-5217-2400（代表）
　　　　　FAX　03-5217-2420
印　刷　　中央精版印刷株式会社

定価はカバーに表示してあります。
落丁・乱丁は弊社編集部までお送りください。送料弊社負担にてお取り替えいたします。
ISBN978-4-8026-1137-4
©2018 刈屋 大輔
Printed in JAPAN